KB043669

MP3 다운로드 방법

컴퓨터에서

- 네이버 블로그 주소란에 **www.lancom.co.kr** 입력 또는 네이버 블로그 검색창에 **랭컴**을 입력하신 후 다운로드

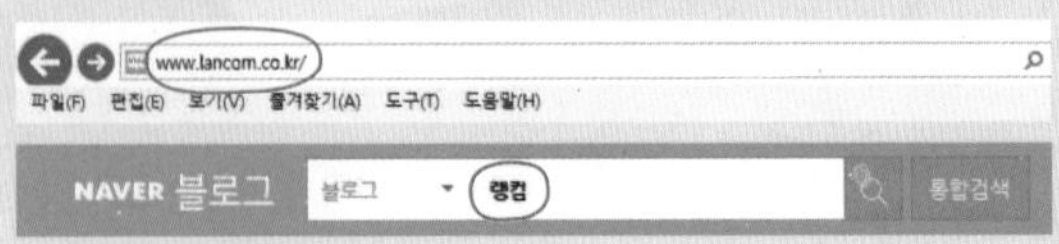

- **www.webhard.co.kr**에서 직접 다운로드

  아이디 : **lancombook**

  패스워드 : **lancombook**

▶ mp3 다운로드

www.lancom.co.kr에 접속하여 **mp3**파일을 무료로 다운로드합니다.

▶ 우리말과 원어민의 1 : 1 녹음

책 없이도 공부할 수 있도록 원어민 남녀가 자연스런 속도로 번갈아가며 영어 문장을 녹음하였습니다. 우리말 한 문장마다 원어민 남녀 성우가 각각 1번씩 읽어주기 때문에 보다 더 정확한 발음을 익힐 수 있습니다.

▶ mp3 반복 청취

교재를 공부한 후에 녹음을 반복해서 청취하셔도 좋고, 원어민의 녹음을 먼저 듣고 잘 이해할 수 없는 부분은 교재로 확인해보는 방법으로 공부하셔도 좋습니다. 어떤 방법이든 자신에게 잘 맞는다고 생각되는 방법으로 꼼꼼하게 공부하십시오. 보다 자신 있게 영어를 할 수 있게 될 것입니다.

▶ 정확한 발음 익히기

발음을 공부할 때는 반드시 함께 제공되는 mp3 파일을 이용하시기 바랍니다. 언어를 배울 때 듣는 것이 중요하다는 것은 두말할 필요가 없습니다. 오랫동안 자주 반복해서 듣는 연습을 하다보면 어느 순간 갑자기 말문이 열리게 되는 것을 경험할 수 있을 것입니다. 의사소통을 잘 하기 위해서는 말을 잘하는 것도 중요하지만 상대가 말하는 것을 정확하게 듣는 것이 더 중요하다고 합니다. 활용도가 높은 기본적인 표현을 가능한 한 많이 암기할 것과, 동시에 원어민이 읽어주는 문장을 지속적으로 꾸준히 듣는 연습을 병행하시기를 권해드립니다. 듣는 연습을 할 때는 실제로 소리를 내어 따라서 말해보는 것이 더욱 효과적입니다.

포켓북

왕초보 영어회화 패턴

포켓북

왕초보 영어회화 패턴

2020년 05월 05일 초판 1쇄 인쇄
2023년 05월 25일 초판 9쇄 발행

지은이 이서영
발행인 손건
편집기획 김상배, 장수경
마케팅 최관호, 김재용
디자인 이성세
제작 최승용
인쇄 선경프린테크

발행처 ***Lan**com* 랭컴
주소 서울시 영등포구 영신로34길 19, 3층
등록번호 제 312-2006-00060호
전화 02) 2636-0895
팩스 02) 2636-0896
이메일 elancom@naver.com

ISBN 979-11-89204-64-8 13740

이것만 있으면 만만하게
회화 첫걸음을 뗄 수 있다!

왕초보 영어회화 패턴

내손에 펼쳐진 포켓북

이서영 지음

LanCom
Language & Communication

들어가며

외국어 학습에 왕도가 따로 없다고 말들 하지만 더 쉽고 효율적인 방법은 어느 분야에나 반드시 있기 마련입니다. 영어를 공부하는 사람들이 쉽게 회화를 할 수 있도록 원어민이 자주 쓰는 표현을 공식화한 것이 바로 패턴입니다. 그런 의미에서 영어패턴은 영어학습의 왕도가 될 수 있습니다. 영어패턴을 제대로 활용할 수만 있으면 회화 실력이 쑥쑥 올라갑니다.

초보자가 패턴으로 막상 공부를 하려고 했을 때, 어마어마한 패턴의 양과 다양하긴 하지만 너무 세세한 패턴까지 나와 있는 책을 보며 처음부터 좌절했을지도 모릅니다. 이 책은 가장 필수적인 패턴이면서 쉽게 익힐 수 있는 패턴 100개만을 엄선하였기 때문에 누구나 부담없이 시작할 수 있습니다.

여기에 나온 문형 패턴들로만 회화를 시작해도 '회화 별로 어렵지 않네'라는 생각이 들 것입니다. 세부적으로 더 필요하거나 관심을 갖는 패턴들은 스스로 찾아 보면 됩니다. 100가지만 완벽하게 익히겠다고 마음먹고 시작하면 그다지 어렵지 않게 공부할 수 있습니다. 기본 패턴을 익히고 나면 그 위에 더 다양한 패턴을 쌓아가는 것이 점점 쉬워집니다.

기타를 처음 칠 때 기본적인 코드만 익혀도 그럴듯한 연주를 할 수 있습니다. 그 코드가 익숙해지면 점점 더 어려운 코드를 익혀 더 멋진 연주가 가능하게 됩니다. 여러분도 이 책으로 기본적인 패턴을 익혀 말이 트인다면 이후 더 많은 패턴과 회화에 관심이 생기고 유창해질 수 있을 것입니다.

2020. 5

휴대가 간편한 포켓북

간편하게 가지고 다니면서 그때그때 필요한 패턴을 찾아서 쉽게 말할 수 있도록 한 손에 쏙 들어가는 사이즈로 만들었습니다.

미니 토크

먼저 각 유닛에서 익혀야 할 기본적인 패턴이 실제 대화에서 어떻게 쓰이는지 알아봅니다. 무조건 반복하며 읽어보세요. 이어서 곧바로 나오는 기본 패턴을 통해 반복 연습하여 숙지하면 됩니다. 참고로 원어민의 발음을 들으면서 연습하면 더 효과적입니다.

체크 포인트

패턴을 알기 쉽게 문법적으로 설명하여 보다 쉽게 활용할 수 있도록 하였습니다. 영어는 이해가 먼저입니다. 제대로 어법을 이해한 다음 충분한 반복 연습을 통해 비로소 자신의 실력이 됩니다.

기본 패턴

각 유닛마다 쉬운 문장을 통해 기본적으로 익혀야 할 패턴 여섯 개씩 두었습니다. 먼저 보고 큰소리로 읽어봅니다. 그리고 원어민 녹음을 듣고서 말하면서 여러번 연습해보세요.

왕초보자도 읽을 수 있도록 한글로 영어발음 표기

영어 문장은 한글로 읽기 쉽게 발음을 달아두었기 때문에 또박또박 발음만 잘 한다면 현지인들도 충분히 알아들을 수 있습니다. 또한 무료로 제공하는 MP3 파일에는 원어민의 생생한 목소리가 담겨져 있어 보다 정확한 발음을 익힐 수 있습니다.

차례

PART 01 세상에 나를 외칠 때

PART 02 상대에게 관심을 표현할 때

PART 03 원하는 것, 필요한 것을 말할 때

PART **01**

세상에 나를 외칠 때

영어

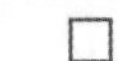

I'm ~.

나는 ~야

A: **Hi! I'm Suho. Nice to meet you.**

하이! 아임 수호. 나이스 투 밋츄 .

안녕? 난 수호야. 만나서 반가워.

B: **Hi! I'm Alice. Nice to meet you, too.**

하이! 아임 앨리스. 나이스 투 밋츄, 투.

안녕? 난 앨리스야. 나도 만나서 반가워.

Check Point!

'난 이런 사람이야!'라고 말하는 가장 기본적인 표현은 I am ~.입니다. 이렇게 간단한 패턴으로 내가 누구인지, 뭐하는 사람인지, 지금 어떤 상태인지, 컨디션이 좋은지 나쁜지 다 말할 수 있죠. 그리고 회화에서는 대개 축약형 I'm ~.을 쓴답니다.

Basic Expression

난 앨리스 브라운이야.

I'm Alice Brown.

아임 앨리스 브라운.

난 학생이야.

I'm a student.

아임 어 스투든트.

난 열일곱 살이야.

I'm seventeen (years old).

아임 세븐틴 (이어즈 올드).

난 한국 사람이야.

I'm Korean.

아임 코리언.

배고파.

I'm hungry.

아임 헝그리.

기분이 우울해.

I'm blue.

아임 블루.

001 대화 다시듣기

A: 안녕? 난 수호야. 만나서 반가워.

B: 안녕? 난 앨리스야. 나도 만나서 반가워.

☐ ☐ ☐

학습일 /

I like ~.

나는 ~을 좋아해

Mini Talk

A: **Do you want some chocolate?**

두 유 원ㅌ 썸 초콜릿?

초콜릿 좀 먹을래?

B: **Yes, please. I like it very much.**

예스, 플리즈. 아이 라이킷 베리 머취.

응, 먹을래. 나 그거 굉장히 좋아해.

Check Point!

I like ~.는 글자 그대로 무엇을 좋아한다고 말하는 가장 단순한 표현이죠. 취향을 공유하든 배려하든 일단은 서로가 뭘 좋아하는지 알아야 가능한 일이니 내가 뭘 좋아하는지 상대에게 열심히 알려주도록 합시다.

Basic Expression

난 커피 좋아해.

I like coffee.

아이 라익 커피.

난 단 걸 좋아해.

I like sweets.

아이 라익 스윗츠.

난 재즈가 좋아.

I like jazz.

아이 라익 재즈.

난 액션영화 좋아해.

I like action movies.

아이 라익 액션 무비스.

난 친구들과 수다 떠는 걸 좋아해.

I like to chat with my friends.

아이 라익 투 챗 윗 마이 프렌즈.

난 인터넷 검색하는 거 좋아해.

I like surfing the internet.

아이 라익 서핑 디 인터넷.

☐ ☐ ☐

A: 초콜릿 좀 먹을래?

B: 응, 먹을래. 나 그거 굉장히 좋아해.

학습일 / □

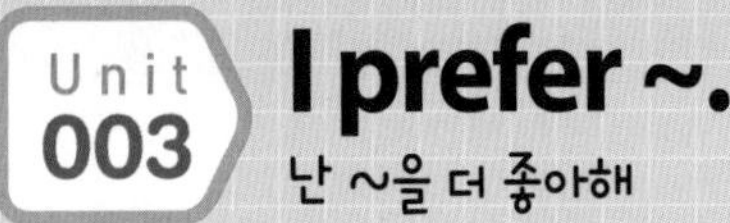

I prefer ~.

난 ~을 더 좋아해

A: **Which do you like better, coffee or tea?**

위치 두 유 라익 배러, 커피 오어 티?

커피와 홍차 중에 뭐 마실래?

B: **I prefer coffee.**

아이 프리퍼 커피.

난 커피가 더 좋아.

Check Point!

prefer는 기본적으로 '(다른 것보다) …을 (더) 좋아하다'라는 뜻을 갖고 있어요. I prefer rock music to jazz music.(난 재즈보다 락이 더 좋아)처럼 prefer ~ to … 방식으로 쓰는 것이 일반적이지만 비교 대상이 이미 언급되었거나 질문을 받은 경우에는 그냥 I prefer ~. 패턴을 쓰죠.

Basic Expression

난 독서가 더 좋아.

I prefer reading.

아이 프리퍼 리딩.

난 락이 더 좋아.

I prefer rock music.

아이 프리퍼 락 뮤직.

난 진한 커피가 더 좋아.

I prefer strong coffee.

아이 프리퍼 스트롱 커피.

난 공포영화를 더 좋아해.

I prefer horror movies.

아이 프리퍼 호러 무비스.

난 생토마토 주스가 더 좋아.

I prefer fresh tomato juice.

아이 프리퍼 프레쉬 터메이토우 주스.

난 생선보다 고기가 더 좋아.

I prefer meat to fish.

아이 프리퍼 밋 투 피쉬.

003 대화 다시듣기

☐ ☐ ☐

A: 커피와 홍차 중에 뭐 마실래?

B: 난 커피가 더 좋아.

Unit 004 I don't like ~.

난 ~가 마음에 안 들어

A: I don't like it when people talk loud in public places.

아이 돈ㅌ 라이킷 웬 피플 톡 라우드 인 퍼블릭 플레이시스.

난 사람들이 공공장소에서 큰 소리로 얘기하는 게 싫어.

B: Yeah, right. It's so rude of them.

예, 유아 라잇. 잇츠 쏘우 루드 어브 뎀

그래, 네 말이 맞아. 정말 매너 없는 인간들이야.

Check Point!

좋아한다는 표현 못지않게 싫어한다는 표현도 중요해요. 싫어도 싫은 내색을 하지 않는 것이 덕성이던 시절도 있었지만 이제는 분명한 태도가 대세라는! I don't like ~. 패턴은 누군가가 하는 행동이나 말 등이 마음에 들지 않을 때 쓸 수 있는 아주 무난한 표현이죠.

Basic Expression

난 그 사람 별로야.

I don't like him.

아이 돈ㅌ 라익 힘.

난 채소 안 좋아해.

I don't like vegetables.

아이 돈ㅌ 라익 베지터블스.

난 튀긴 음식 안 좋아해.

I don't like fried foods.

아이 돈ㅌ 라익 프라이드 풋스.

난 공포영화 안 좋아해.

I don't like horror movies.

아이 돈ㅌ 라익 호러 무비스.

난 그게 전혀 마음에 들지 않아.

I don't like it at all.

아이 돈ㅌ 라이킷 앳 올.

난 네가 하는 짓이 마음에 안 들어.

I don't like what you're doing.

아이 돈ㅌ 라익 웟 유아 두잉.

□ □ □

A: 난 사람들이 공공장소에서 큰 소리로 얘기하는 게 싫어.

B: 그래, 네 말이 맞아. 정말 매너 없는 인간들이야.

학습일 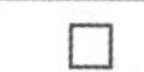

I hate ~.

난 ~가 정말 싫어

Mini Talk

A: I hate watching sports on TV.

아이 헤잇 워칭 스포츠 온 티비.

난 텔레비전으로 운동경기 보는 거 정말 싫어.

B: Then, let's just watch a movie.

덴, 렛츠 저슷 워치 어 무비.

그럼, 그냥 영화나 보자.

Check Point!

어지간하면 I don't like ~. 패턴으로 무난하게 표현하는 게 좋겠지만 때론 싫다고 똑 부러지게 말해야 할 때도 있는 법이죠. 정말 지긋지긋하다는 뉘앙스가 강하기 때문에 I hate ~. 패턴을 쓸 때는 그래도 한 번 더 생각합시다. 말은 다시 주워 담을 수 없으니까요!

Basic Expression

난 네가 정말 싫어[지겨워].

I hate you.

아이 헤잇 유.

난 시금치는 질색이야.

I hate spinach.

아이 헤잇 스피니취.

난 공부하는 게 정말 싫어.

I hate to study.

아이 헤잇 투 스터디.

난 너랑 얘기하는 게 너무 싫어.

I hate talking to you.

아이 헤잇 토킹 투 유.

난 야근하는 게 정말 싫어.

I hate working late.

아이 헤잇 워킹 레잇.

네가 그런 식으로 날 보는 게 난 정말 싫어.

I hate the way you see me.

아이 헤잇 더 웨이 유 씨 미.

005 대화 다시듣기

☐ ☐ ☐

A: 난 텔레비전으로 운동경기 보는 거 정말 싫어.

B: 그럼, 그냥 영화나 보자.

I have ~.

난 ~을 (가지고) 있어 / ~에 걸렸어 / ~을 먹어

A: **Alice, I have some bad news and some good news.**

앨리스, 아이 해브 썸 배드 뉴스 앤 썸 굿 뉴스.

앨리스, 좋은 소식과 나쁜 소식이 있어.

B: **Give me the bad news first.**

깁 미 더 배드 뉴스 퍼스트.

나쁜 소식부터 먼저 말해.

Check Point!

I have ~.는 책, 핸드폰처럼 형태가 있는 것은 물론이고, 질문, 약속처럼 형태가 없는 추상적 개념에도 사용할 수 있는 패턴입니다. 또한 have는 be, do, get, take, make와 함께 대표적인 마법동사로 꼽히죠. 그만큼 의미가 다양하고 활용도가 높은 패턴이니 각 예문의 뉘앙스를 잘 생각하면서 열공해 봅시다.

Basic Expression

난 여자 친구가 있어.

I have a girlfriend.

아이 해버 걸프랜드.

나 감기 걸렸어.

I have a cold.

아이 해버 콜드.

나 열 있어.

I have a fever.

아이 해버 퓌버.

머리 아파.

I have a headache.

아이 해버 헤데익.

난 12시에 점심 먹어.

I have lunch at 12.

아이 해브 런치 앳 투웰브.

난 할 일이 많아.

I have lots of things to do.

아이 해브 랏츠 어브 씽즈 투 두.

006 대화 다시듣기

A: 앨리스, 좋은 소식과 나쁜 소식이 있어.

B: 나쁜 소식부터 먼저 말해.

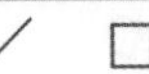

I don't have ~.

난 ~가 없어.

A: **Why do we have to leave?**

와이 두 위 해브 투 리브?

우리가 왜 떠나야 하는 건데?

B: **I don't have time to explain. Hurry!**

아이 돈ㅌ 해브 타임 투 익스플레인. 허리!

설명할 시간이 없어. 서둘러!

Check Point!

부정문을 말할 때 일반 동사의 경우에는 주어의 인칭과 수에 따라 동사 앞에 don't 혹은 doesn't를 붙여서 말하면 됩니다. 그러므로 '난 ~가 없어'라고 말할 때는 I don't have ~. 패턴을 쓰면 되는데 부정문일 때도 have의 마법은 계속된다는 것을 잊지 말도록 하세요.

Basic Expression

난 펜이 없어.

I don't have a pen.

아이 돈ㅌ 해버 펜.

난 시간이 많지 않아.

I don't have much time.

아이 돈ㅌ 해브 머취 타임.

난 돈이 별로 없어.

I don't have much money.

아이 돈ㅌ 해브 머취 머니.

난 아무것도 말할 게 없어.

I don't have anything to say.

아이 돈ㅌ 해브 애니씽 투 세이.

난 잃을 게 아무것도 없어.

I don't have anything to lose.

아이 돈ㅌ 해브 애니씽 투 루즈.

이번 주말엔 별 계획 없어.

I don't have any plans for this weekend.

아이 돈ㅌ 해브 애니 플랜스 풔 디스 위켄드.

□ □ □

A: 우리가 왜 떠나야 하는 건데?

B: 설명할 시간이 없어. 서둘러!

I have + 과거분사 ~.

난 ~했어[한 적이 있어]

A: **I haven't had breakfast yet.**

아이 해븐ㅌ 햇 블랙퍼슷 옛.

나 아직도 아침 못 먹었어.

B: **Oh, you must be very hungry.**

오, 유 머슷 비 베리 헝그리.

와, 엄청 배고프겠네.

Check Point!

뭔가를 지금 막 했다든가, 어떤 일의 결과나 경험에 대해서는 어떻게 말해야 할까? 현재도 과거도 아니니 약간 까다롭게 느껴진다면 have 동사의 마법이 필요한 순간이에요. 이렇게 have를 사용하면 동작의 완료, 결과, 경험, 계속을 간단하게 나타낼 수 있어요. 보통은 축약형 I've를 쓰죠.

Basic Expression

난 뉴욕에 두 번 갔다 왔어.

I have been to New York twice.

아이 해브 빈 투 뉴욕 투와이스.

시계를 잃어버렸어.

I have lost my watch.

아이 해브 로스트 마이 워치.

난 널 텔레비전에서 본 적이 있어.

I have seen you on TV.

아이 해브 씬 유 온 티비.

난 오랫동안 그를 알고 지냈어.

I have known him for a long time.

아이 해브 노운 힘 풔러 롱 타임.

나는 벌써 숙제 다 했어.

I have already finished my homework.

아이 해브 얼레디 피니시트 마이 홈웍.

난 아직 그 책을 다 읽지 못했어.

I haven't read the book yet.

아이 해븐ㅌ 레드 더 북 옛.

008 대화 다시듣기

☐ ☐ ☐

A: 나 아직도 아침 못 먹었어.

B: 와, 엄청 배고프겠네.

I'm interested in ~.

난 ~에 관심 있어

A: **What kind of music do you like?**

웟 카인드 어브 뮤직 두 유 라익?

어떤 음악 좋아해?

B: **I'm interested in Jazz.**

아임 인터레스티드 인 재즈.

난 재즈에 관심 있어.

Check Point!

be interested in은 형태는 수동태지만 '~에 관심이 있다'라는 능동적인 뜻을 갖고 있어요. 관심이 있는 대상은 전치사 in 뒤에 언급해 주면 되는데, 취미나 관심사를 얘기할 때 사용하는 가장 일반적인 표현이죠. I have a interest in ~. 패턴으로 말해도 좋아요.

Basic Expression

난 재즈에 관심 있어.

I'm interested in Jazz.

아임 인터레스티드 인 재즈.

난 너에게 관심 있어.

I'm interested in you.

아임 인터레스티드 인 유.

난 낚시에 관심 있어.

I'm interested in fishing.

아임 인터레스티드 인 피싱.

난 많은 것들에 관심이 있어.

I'm interested in a lot of things.

아임 인터레스티드 인 어 랏 어브 씽즈.

내 취미는 음악 감상이야.

I'm interested in listening to music.

아임 인터레스티드 인 리스닝 투 뮤직.

난 그 사람한테 전혀 관심 없어.

I'm not interested in him at all.

아임 낫 인터레스티드 인 힘 앳 올.

☐ ☐ ☐

A: 어떤 음악 좋아해?

B: 난 재즈에 관심 있어.

학습일 / 

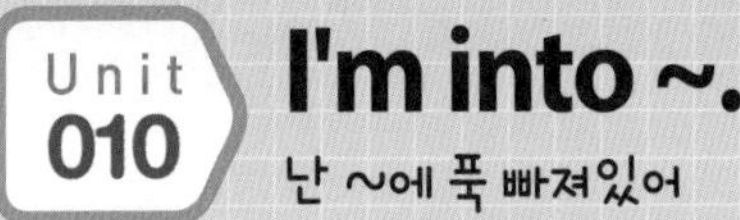

Unit 010 I'm into ~.

난 ~에 푹 빠져있어

Mini Talk

A: **Hi, Alice! What's up?**

하이, 앨리스! 웟츠 업?

안녕, 앨리스! 어떻게 지내?

B: **I'm into music. How are things with you?**

아임 인투 뮤직. 하우 아 씽즈 윗 유?

난 음악에 푹 빠져있어. 넌 별일 없어?

Check Point!

I'm into ~는 앞서 배운 I'm interested in ~.보다 더 강렬한 관심을 나타내는 표현이죠. '~안으로'라는 의미를 가진 전치사 into를 사용해서 무언가에 푹 빠져있는 상태를 말할 때 사용한답니다. 이보다 더 강렬하게 표현하고 싶다면 I'm crazy about ~.(난 ~에 미쳐 있어)를 써보도록 하세요.

Basic Expression

나 그 영화에 푹 빠져있어.

I'm into that movie.

아임 인투 댓 무비.

난 책에 푹 빠져있어.

I'm into books.

아임 인투 북스.

난 음악에 푹 빠져있어.

I'm into music.

아임 인투 뮤직.

난 오페라에 푹 빠졌어.

I'm into opera.

아임 인투 아프러.

나 온라인 채팅에 푹 빠져있어.

I'm into online chatting.

아임 인투 온라인 채팅.

난 요즈음 많은 것들에 푹 빠져있어.

I'm into lots of stuff these days.

아임 인투 랏츠 어브 스터프 디즈 데이즈.

010 대화 다시듣기

□ □ □

A: 안녕, 앨리스! 어떻게 지내?

B: 난 음악에 푹 빠져있어. 넌 별일 없어?

앞에서 배운 기본 패턴입니다. 빈 칸을 채워보세요.
정답은 각 유닛에서 확인하세요.

001

난 한국 사람이야.

__________ Korean.

002

난 액션영화 좋아해.

__________ action movies.

003

난 진한 커피가 더 좋아.

__________ strong coffee.

004

난 튀긴 음식 안 좋아해.

__________ fried foods.

005

난 너랑 얘기하는 게 너무 싫어.

__________ talking to you.

Part 01 실력 체크

006

난 여자 친구가 있어.

_______________ a girlfriend.

007

난 돈이 별로 없어.

_______________ much money.

008

난 널 텔레비전에서 본 적이 있어.

_______________ you on TV.

009

난 낚시에 관심 있어.

_______________ fishing.

010

나 그 영화에 푹 빠져있어.

_______________ that movie.

PART 02

상대에게 관심을 표현할 때

영어

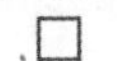

Unit 011 You look ~.

너 ~해 보여.

A: **You don't look like you're feeling well today.**

유 돈ㅌ 룩 라익 유아 필링 웰 투데이.

너 오늘 컨디션이 별로 안 좋아 보인다.

B: **Yeah, I'm a little under the weather.**

예, 아임 어 리를 언더 더 웨더.

응, 몸 상태가 좀 안 좋아.

Check Point!

You look ~. 패턴은 상대방의 얼굴이나 행동 등을 보고 상대방의 상황이나 상태에 대해서 추측할 때 사용할 수 있습니다. 다음에 나오는 You seem to ~. 패턴을 사용해도 의미는 거의 똑같은데, 다만 You look 다음에는 형용사가 오고, You seem to 다음에는 동사가 온다는 것을 주의합시다.

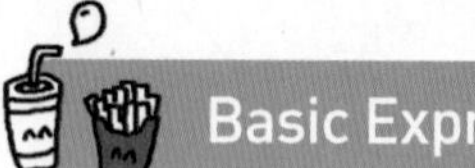

Basic Expression

안색이 안 좋네.

You look pale.

유 룩 페일.

너 오늘 피곤해 보여.

You look tired today.

유 룩 타이어드 투데이.

너 독감 걸린 것 같아.

You look like you've got the flu.

유 룩 라익 유브 갓 더 플루.

살이 좀 빠진 것 같아.

You look like you've lost some weight.

유 룩 라익 유브 로스트 썸 웨잇.

넌 비욘세 닮았어.

You look like Beyonce.

유 룩 라익 비욘세.

넌 20대처럼 보여.

You look like you're in your 20's.

유 룩 라익 유아 인 유어 트웨니스.

011 대화 다시듣기

☐ ☐ ☐

A: 너 오늘 컨디션이 별로 안 좋아 보인다.

B: 응, 몸 상태가 좀 안 좋아.

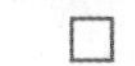

You seem to ~.

넌 ~인 것 같아

A: **You seem to have gained some weight.**

유 씸 투 해브 게인드 썸 웨잇.

너 살이 좀 찐 것 같네.

B: **Yeah, I ate a lot during the Christmas break.**

예, 아이 에잇 어 랏 듀링 더 크리스머스 브레익.

응, 크리스마스 휴가 동안 엄청 먹었거든.

You seem to ~. 패턴은 앞서 배운 You look ~. 패턴보다 좀 더 구체적으로 말할 때 유용하게 쓰입니다. 지금이 아니라 이전에 한 일에 대해 짐작할 때는 seem to 뒤에 have + pp의 현재완료형을 붙이면 됩니다.

Basic Expression

넌 요즘 바쁜 것 같아.

You seem to be busy these days.

유 씸 투 비 비지 디즈 데이즈.

살 좀 뺀 것 같네.

You seem to have lost some weight.

유 씸 투 해브 로스트 썸 웨잇.

넌 여자 다루는 법을 아는 것 같아.

You seem to have a way with women.

유 씸 투 해버 웨이 윗 우먼.

넌 멕시코 음식을 즐기는 것 같아.

You seem to be enjoying Mexican food.

유 씸 투 비 인조잉 멕시컨 풋.

숙제 다 했나보군.

You seem to have done your homework.

유 씸 투 해브 던 유어 홈웍.

너 소울 메이트를 찾았나 보군.

You seem to have found a soul mate.

유 씸 투 해브 파운드 어 소울 메이트.

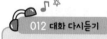

012 대화 다시듣기

□ □ □

A: 너 살이 좀 찐 것 같네.

B: 응, 크리스마스 휴가 동안 엄청 먹었거든.

학습일 / 

Unit 013 Are you ~?

넌 ~니?

A: **Are you new here?**

아 유 뉴 히어?

여기 처음이야?

B: **Yes, it's my first visit.**

예스, 잇츠 마이 퍼스트 비짓.

응, 처음이야.

Check Point!

Are you ~?는 상대에 대해 물어보는 가장 직접적인 표현입니다. 쉽고 단순해서 초보자들에게는 딱 좋은 표현이지만 이렇게 직설적인 표현은 아무래도 무례하게 느껴질 수 있죠. 언젠가는 세련된 표현을 할 수 있기를 바라며 용감하게 직설!

Basic Expression

앨리스 브라운이세요?

Are you Alice Brown?

아 유 앨리스 브라운?

갈 준비 됐어?

Are you ready to go?

아 유 레디 투 고우?

지금 바빠?

Are you busy right now?

아 유 비지 라잇 나우?

너 그거 먹을 거니?

Are you going to eat that?

아 유 고잉 투 잇 댓?

찬성이야, 반대야?

Are you for or against it?

아 유 풔 오어 어겐스트 잇?

텔레비전 보고 있어?

Are you watching TV?

아 유 워칭 티비?

013 대화 다시듣기

A: 여기 처음이야?

B: 응, 처음이야.

☐ ☐ ☐

Do you like ~?

~을 좋아해?

A: **Do you like to travel?**

두 유 라익 투 트래블?

여행하는 거 좋아해?

B: **No, I don't.**

노, 아이 돈ㅌ.

아니, 안 좋아해.

Check Point!

친구를 사귈 때 상대의 취향을 아는 것은 엄청 중요하죠. Do you like ~?는 상대가 무엇을 좋아하는지 궁금할 때 물어볼 수 있는 패턴이고 상대에 대한 나의 관심을 보여주는 정다운 질문이기도 해요.

Basic Expression

영화 좋아해?

Do you like movies?

두 유 라익 무비스?

한국 음식 좋아해?

Do you like Korean food?

두 유 라익 코리언 풋?

클래식 음악 좋아해?

Do you like classical music?

두 유 라익 클래시컬 뮤직?

양배추 좋아하니?

Do you like cabbage?

두 유 라익 캐비지?

운동하는 거 좋아해?

Do you like to exercise?

두 유 라익 투 엑서사이즈?

온라인 쇼핑 좋아해?

Do you like online shopping?

두 유 라익 온라인 샤핑?

014 대화 다시듣기

☐ ☐ ☐

A: 여행하는 거 좋아해?

B: 아니, 안 좋아해.

학습일 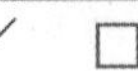

Do you have ~?

너 ~ (가지고) 있어?

A: **Hi, do you have any painkillers?**

하이, 두 유 해브 에니 페인킬러즈?

안녕하세요. 혹시 진통제 있어요?

B: **Sure. How many do you need?**

슈어. 하우 메니 두 유 니드?

물론이죠. 몇 알 필요하세요?

Check Point!

Do you have ~?는 상대가 무엇인가를 가지고 있는지 물을 때 쓰이는 표현입니다. 쇼핑을 하러 가든, 식당에 가든 상황에 따라 적절한 뜻으로 맞춰주는 have 동사의 마법 덕분에 수없이 쓰게 되는 유용한 패턴이죠.

Basic Expression

1달러 있니?

Do you have a dollar?

두 유 해버 달러?

팩스기 있어요?

Do you have a fax machine?

두 유 해버 팩스 머쉰?

볼펜 있니?

Do you have a ball point-pen?

두 유 해버 볼 포인트-펜?

현금 있니?

Do you have any cash?

두 유 해브 에니 캐쉬?

혹시 무슨 계획 있어요?

Do you have any plans?

두 유 해브 에니 플랜스?

빈 방 있어요?

Do you have any vacant rooms?

두 유 해브 에니 베이컨ㅌ 룸스?

015 대화 다시듣기

A: 안녕하세요. 혹시 진통제 있어요?

B: 물론이죠. 몇 알 필요하세요?

학습일 /

Unit 016 Do you think ~?

~라고 생각해?

Mini Talk

A: **Don't you think the coffee here is delicious?**

돈츄 씽크 더 커피 히어 이즈 딜리셔스?

여기 커피 맛있는 것 같지 않니?

B: **Yeah, this place is gonna be my favorite hangout.**

예, 디스 플레이스 이즈 가너 비 마이 페이버릿 행아웃.

응, 이제 여기 자주 와야겠어.

Check Point!

Do you think ~?는 어떤 일이나 상황에 대해 상대가 어떻게 생각하는지, 어떤 의견을 갖고 있는지 알고 싶을 때 쓸 수 있는 가장 직설적이고 간단한 패턴이라고 할 수 있어요.

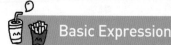

Basic Expression

그녀가 날 좋아한다고 생각해?

Do you think she likes me?

두 유 씽크 쉬 라익스 미?

이게 농담이라고 생각해?

Do you think this is a joke?

두 유 씽크 디스 이즈 어 조욱?

내가 가서 그녀와 얘기를 해야 한다고 생각해?

Do you think I should go talk to her?

두 유 씽크 아이 슈드 고우 톡 투 허?

내가 택시를 타야 한다고 생각해?

Do you think I should take a taxi?

두 유 씽크 아이 슈드 테익 어 택시?

외모가 중요하다고 생각해?

Do you think good looks are important?

두 유 씽크 굿 룩스 아 임포어턴트?

이 블라우스가 나한테 어울린다고 생각해?

Do you think this blouse suits me?

두 유 씽크 디스 블라우스 슈츠 미?

016 대화 다시듣기

☐ ☐ ☐

A: 여기 커피 맛있는 것 같지 않니?

B: 응, 이제 여기 자주 와야겠어.

Do you want ~?

~하고 싶어?

A: **Do you want me to take you home?**

두 유 원ㅌ 미 투 테익 유 호움?

내가 집에 데려다 줄까?

B: **That would be nice. Thanks.**

댓 우드 비 나이스. 땡스.

그럼 좋지. 고마워.

Check Point!

Do you want ~?는 상대에게 음료나 음식을 권할 때 쓸 수 있는 패턴입니다. 뒤에 to + 동사원형을 붙이면 무언가를 하고 싶은지 상대에게 묻는 표현이 되어요. 회화에서는 흔히 want to를 줄여서 wanna로 사용해요.

Basic Expression

커피 좀 마실래?

Do you want some coffee?

두 유 원ㅌ 썸 커피?

피자 먹으러 갈래?

Do you want to go get pizza?

두 유 원투 고우 겟 피쩌?

저녁 먹고 갈래?

Do you want to stay for dinner?

두 유 원투 스테이 풔 디너?

너 멋있어지고 싶니?

Do you want to be cool?

두 유 원투 비 쿨?

내가 떠나길 바라니?

Do you want me to leave?

두 유 원ㅌ 미 투 리브?

내가 너 도와줄까?

Do you want me to help you?

두 유 원ㅌ 미 투 헬프 유?

☐ ☐ ☐

A: 내가 집에 데려다 줄까?

B: 그럼 좋지. 고마워.

Don't you want to ~?

~하고 싶지 않아?

A: **Don't you wanna come inside?**

돈츄 와너 컴 인사이드?

안으로 들어오고 싶지 않니?

B: **No, I'm fine. I'm just gonna sit out here for a while.**

노. 아임 파인. 아임 저슷 가너 씻 아웃 히어 풔러 와일.

아냐, 괜찮아. 그냥 여기 밖에서 잠깐 앉아 있을게.

Check Point!

앞서 배운 Do you want to ~? 패턴은 그저 상대방을 배려하는 차원에서 의향을 물어보는 것이지만, Don't you want to ~? 패턴은 상대방이 그러고 싶어 할 거라고 짐작하고 있다는 반어법적 뉘앙스가 담긴 표현입니다. 흔히 want to는 wanna로 줄여서 말하기도 해요. 격식있는 말은 아니죠.

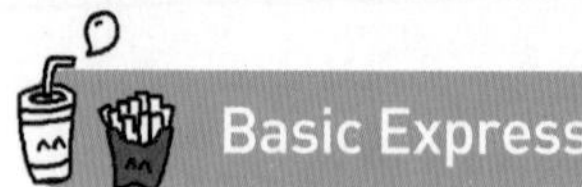

Basic Expression

컴퓨터 갖고 싶지 않아?

Don't you want to have a computer?

돈츄 원투 해버 컴퓨터?

의사가 되고 싶지 않니?

Don't you want to be a doctor?

돈츄 원투 비 어 닥터?

그녀에게 가서 인사하고 싶지 않아?

Don't you want to say hello to her?

돈츄 원투 세이 헬로우 투 허?

나에 대해서 좀 더 알고 싶지 않아?

Don't you want to know more about me?

돈츄 원투 노우 모어 어바웃 미?

네 여행에 대해 나한테 말하고 싶지 않니?

Don't you want to tell me about your trip?

돈츄 원투 텔 미 어바웃 유어 트립?

너는 이 대회를 이기고 싶지 않아?

Don't you wanna win the contest?

돈츄 와너 윈 더 칸테스트?

018 대화 다시듣기

□ □ □

A: 안으로 들어오고 싶지 않니?

B: 아냐, 괜찮아. 그냥 여기 밖에서 잠깐 앉아 있을게.

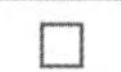

Are you done with ~?

~ 다 끝냈어?

A: **Are you done with the dishes?**

아 유 던 윗 더 디쉬즈?

설거지 다 했니?

B: **Yes. I'll do the laundry tomorrow.**

예스. 아일 두 더 론드리 터마로우.

네, 빨래는 내일 할래요.

Check Point!

be done with는 모양은 수동태지만 '~와 끝내다, ~를 다 끝내다'라고 능동으로 해석합니다. 상대방에게 일, 작업 등을 다 끝냈는지 혹은 음식 등을 다 먹었는지 물을 때 사용할 수 있는 패턴입니다.

Basic Expression

오늘 시험 다 끝났어?

Are you done with the test today?

아 유 던 윗 더 테스트 투데이?

숙제 다 했어?

Are you done with your homework?

아 유 던 윗 유어 홈웍?

쇼핑 다 끝냈니?

Are you done with your shopping?

아 유 던 윗 유어 샤핑?

보고서 다 끝냈니?

Are you done with your report?

아 유 던 윗 유어 리포트?

커피 다 마셨니?

Are you done with that coffee?

아 유 던 윗 댓 커피?

피자 다 먹었니?

Are you done with that pizza?

아 유 던 윗 댓 피쩌?

019 대화 다시듣기

☐ ☐ ☐

A: 설거지 다 했니?

B: 네, 빨래는 내일 할래요.

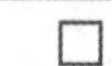

You should ~.

~하면 좋겠어 / ~해야 해

A: **I have a headache on this matter.**

아이 해버 헤드에익 온 디스 매러.

이 문제 때문에 골치가 아파.

B: **You should stop worrying about it.**

유 슈드 스탑 워링 어바웃 잇.

그것에 대해서는 더 이상 걱정하지 마.

Check Point!

You should ~. 패턴은 상대에게 '공부 좀 해, 책 좀 읽어, 청소 좀 하고 살아라, 다이어트 좀 해' 등 잔소리하고 싶을 때 쓸 수 있는 표현이에요. 잔소리를 점잖게 한다고 생각하면 쉽죠. 아무리 그래도 잔소리가 듣기 좋을 리는 없겠지만!

Basic Expression

넌 공부 좀 해야 해!

You should study!

유 슈드 스터디!

넌 여기 있어야 해.

You should be here.

유 슈드 비 히어.

넌 체중을 좀 줄이면 좋겠어.

You should slim down.

유 슈드 슬림 다운.

넌 좀 쉬어야 해.

You should stay in bed.

유 슈드 스테이 인 베드.

넌 좀 더 조심스럽게 운전해야 해.

You should drive more carefully.

유 슈드 드라이브 모어 케어풀리.

넌 그의 말을 들어야 해.

You should listen to him.

유 슈드 리슨 투 힘.

020 대화 다시듣기

A: 이 문제 때문에 골치가 아파.

B: 그것에 대해서는 더 이상 걱정하지 마.

앞에서 배운 기본 패턴입니다. 빈 칸을 채워보세요.
정답은 각 유닛에서 확인하세요.

011

살이 좀 빠진 것 같아.

__________ like you've lost some weight.

012

너 소울 메이트를 찾았나 보군.

__________ have found a soul mate.

013

너 그거 먹을 거니?

__________ going to eat that?

014

클래식 음악 좋아해?

__________ classical music?

015

볼펜 있어?

__________ a ball point-pen?

Part 02 실력 체크

016

외모가 중요하다고 생각해?

__________ good looks are important?

017

커피 좀 마실래?

__________ some coffee?

018

나에 대해서 좀 더 알고 싶지 않아?

__________ know more about me?

019

보고서 다 끝냈니?

__________ your report?

020

넌 좀 더 조심스럽게 운전해야 해.

__________ drive more carefully.

PART 03

원하는 것, 필요한 것을 말할 때

영어

I want to ~.

~하고 싶어

A: **I've been to New York on a family trip.**

아이브 빈 투 뉴욕 온 어 패멀리 트립.

나 가족여행으로 뉴욕에 다녀왔어.

B: **New York? I want to go there, too.**

뉴욕? 아이 원투 고우 데어, 투.

뉴욕? 나도 그곳에 가고 싶다.

Check Point!

I want to ~. 는 자신이 원하는 것, 하고 싶은 것을 말할 때 사용할 수 있는 패턴입니다. 즉, '나 ~하고 싶어, ~할래'라는 느낌의 단순하고 직설적이고 경쾌한 표현이죠. 회화에서는 흔히 I want to를 줄여서 I wanna라고 쓴답니다.

Basic Expression

그 영화 보고 싶어.

I want to see the movie.

아이 원투 씨 더 무비.

난 널 보호해 주고 싶어.

I want to protect you.

아이 원투 프로텍트 유.

이 음식을 먹어보고 싶어.

I want to try this food.

아이 원투 트라이 디스 풋.

도움이 필요한 사람들을 돕고 싶어.

I want to help people in need.

아이 원투 헬프 피플 인 니드.

난 돈을 많이 벌고 싶어.

I want to make lots of money.

아이 원투 메익 랏츠 어브 머니.

어두워지기 전에 집에 갈래.

I want to go home before it gets dark.

아이 원투 고우 홈 비풔 잇 겟츠 다크.

021 대화 다시듣기

☐ ☐ ☐

A: 나 가족여행으로 뉴욕에 다녀왔어.

B: 뉴욕? 나도 그곳에 가고 싶다.

학습일 /

I need to ~.

~해야 해

A: **What's for dinner?**

웟츠 풔 디너?

오늘 저녁은 뭐예요?

B: **Let's go out for dinner. I need to take a break.**

렛츠 고우 아웃 풔 디너. 아이 니드 투 테이커 브레익.

저녁은 나가서 먹자. 좀 쉬어야겠다.

Check Point!

I need to ~.는 뭔가를 원한다는 점에서는 I want ~. 패턴과 같은 의미라고 할 수 있지만 need에는 급하고 중요하고 필수적이라는 절실한 뉘앙스가 있습니다. 사람, 사물, 지식, 감정 등 거의 모든 것을 대상으로 해요.

Basic Expression

다시 공부를 해야 해.

I need to get back to work

아이 니드 투 겟 백 투 웍.

난 좀 자야 해.

I need to get some sleep.

아이 니드 투 겟 썸 슬립.

난 지금 회의에 들어가봐야 해.

I need to go to a meeting now.

아이 니드 고우 투 어 미링 나우.

난 좀 쉬어야 해.

I need to take a rest.

아이 니드 투 테익 어 레슷.

3시까지 도착해야 해.

I need to arrive by three.

아이 니드 투 어라이브 바이 쓰리.

너랑 얘기 좀 해야겠어.

I need to speak with you.

아이 니드 투 스픽 윗 유.

022 대화 다시듣기

☐ ☐ ☐

A: 오늘 저녁은 뭐예요?

B: 저녁은 나가서 먹자. 좀 쉬어야겠다.

학습일 / 

Unit 023

I have to ~.

~해야 해

Mini Talk

A: **Do you want some chocolate fudge ice cream?**

두 유 원ㅌ 썸 차클럿 퍼지 아이스 크림?

초콜릿 퍼지 아이스크림 좀 먹을래?

B: **That's tempting, but I have to watch my weight.**

댓츠 템팅, 벗 아이 해브 투 와치 마이 웨잇.

솔깃하지만, 나 체중 관리해야 해.

Check Point!

자신이 뭔가를 해야 한다고 말할 때는 have to와 should를 사용할 수 있습니다. have to가 강제, 강요까지는 아니라도 의무적으로 꼭 하지 않으면 안 된다는 뉘앙스라면, should는 주관적인 상황에서 가볍게 해야 한다는 스스로의 다짐 같은 뉘앙스를 갖고 있어요.

Basic Expression

나 이제 가봐야 해.

I have to leave now.

아이 해브 투 리브 나우.

나 오늘 8시까지 일해야 해.

I have to work until 8 today.

아이 해브 투 웍 언틸 에잇 투데이.

나 심부름 가야 해.

I have to run an errand.

아이 해브 투 런 언 에런드.

막차를 타야 해.

I have to take the last train.

아이 해브 투 테익 더 라스트 트레인.

이제 숙제를 해야 해.

I have to do my homework now.

아이 해브 투 두 마이 홈웍 나우.

왜 내가 사과를 해야 해?

Why do I have to apologize?

와이 두 아이 해브 투 어팔러자이즈?

023 대화 다시듣기

A: 초콜릿 퍼지 아이스크림 좀 먹을래?

B: 솔깃하지만, 나 체중 관리해야 해.

☐ ☐ ☐

Unit 024 I'd like ~.

~ 주세요

Mini Talk

A: **Good afternoon, sir. May I take your order?**

굿 앱터눈, 써. 메이 아이 테익 유어 오더?

안녕하세요. 주문하시겠어요?

B: **Yes, I'd like some coffee.**

예스, 아이드 라익 썸 커피.

네, 커피 좀 주세요.

Check Point!

I'd like ~.은 I would like ~.의 단축형으로 '~를 주세요'라는 의미입니다. 이 패턴은 I want ~.와 같은 뜻이지만 훨씬 더 정중하고 공손하고 부드러운 표현이죠. ~부분에 원하는 대상을 바로 붙여서 말합니다. 다양한 장소에서 두루두루 사용할 수 있는 아주 유용한 표현입니다.

Basic Expression

커피 좀 주세요.

I'd like some coffee.

아이드 라익 썸 커피.

머리 좀 잘라주세요.

I'd like a hair cut.

아이드 라이커 헤어 컷.

프라이드치킨 좀 주세요.

I'd like some fried chicken.

아이드 라익 썸 프라이드 치킨.

9시에 갖다 주세요.

I'd like it at nine.

아이드 라이킷 앳 나인.

머쉬룸 피자 작은 걸로 갖다 주세요.

I'd like a small mushroom pizza please.

아이드 라이커 스몰 머쉬룸 피쩌 플리즈.

미트 파이 한 조각 주세요.

I'd like a piece of meat pie.

아이드 라이커 피스 어브 밋 파이.

A: 안녕하세요. 주문하시겠어요?

B: 네, 커피 좀 주세요.

학습일 /

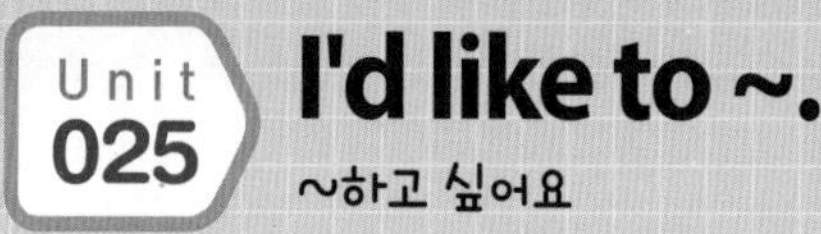

I'd like to ~.

~하고 싶어요

A: **Don't you want to eat something?**

돈츄 원투 잇 썸씽?

뭔가 먹고 싶지 않니?

B: **I think I'd like to have some Italian food.**

아이 씽크 아이드 라익 투 해브 썸 이탤리언 풋.

난 이태리 음식을 좀 먹고 싶어.

Check Point!

I'd like to ~.는 자신이 원하는 것이 무엇인지 정중하게 밝힐 때 사용할 수 있는 패턴으로 I want to ~.보다 훨씬 공손하고 품위 있는 표현입니다. 친구 사이가 아니라면 되도록 이 패턴을 쓰는 것이 무난하죠.

Basic Expression

커피를 마시고 싶어요.(= 커피 주세요)

I'd like to have some coffee.

아이드 라익 투 해브 썸 커피.

당신을 방문하고 싶습니다.

I'd like to call on you.

아이드 라익 투 콜 온 유.

화이트 씨와 통화하고 싶습니다.

I'd like to speak to Mr. White.

아이드 라익 투 스픽 투 미스터 화이트.

아내에게 줄 뭔가를 사고 싶어요.

I'd like to get something for my wife.

아이드 라익 투 겟 썸씽 풔 마이 와이프.

건배 제의를 하고 싶습니다.

I'd like to make a toast.

아이드 라익 투 메이커 토우스트.

싱글 룸을 예약하고 싶습니다.

I'd like to reserve a single room.

아이드 라익 투 리저브 어 싱글 룸.

☐ ☐ ☐

A: 뭔가 먹고 싶지 않니?

B: 난 이태리 음식을 좀 먹고 싶어.

I'd like you to ~.

~해 주셨으면 해요

A: **I'm throwing a party this Friday, and I'd like you to come.**

아임 쓰로우잉 어 파티 디스 프라이데이, 앤 아이드 라이큐 투 컴.

나 이번 주 금요일에 파티를 열건데, 네가 와줬으면 좋겠어.

B: **Sure, I'd love to.**

슈어, 아이드 러브 투.

물론이지, 꼭 갈게.

Check Point!

I'd like you to ~. 는 상대방에게 뭔가 해달라고 말할 때 사용할 수 있는 정중한 패턴입니다. to 부정사 뒤에 상대방이 해줬으면 하고 바라는 내용을 넣어주면 됩니다.

Basic Expression

당신에게 제인을 소개하고 싶어요.

I'd like you to meet Jane.

아이드 라이큐 투 밋 제인.

그 질문에 대답해 주셨으면 해요.

I'd like you to answer the question.

아이드 라이큐 투 앤서 더 퀘스천.

얌전하게 계셔주셨으면 좋겠습니다.

I'd like you to behave yourself.

아이드 라이큐 투 비헤이브 유어셀프.

내가 드린 돈을 돌려주시면 좋겠습니다.

I'd like you to return the money I gave you.

아이드 라이큐 투 리턴 더 머니 아이 게이브 유.

날 위해서 뭔가 좀 해주시면 좋겠어요.

I'd like you to do something for me.

아이드 라이큐 투 두 썸씽 풔 미.

내 오래된 친구를 당신이 만나주시면 좋겠어요.

I'd like you to meet an old friend of mine.

아이드 라이큐 투 밋 언 올드 프랜드 어브 마인.

026 대화 다시듣기

☐ ☐ ☐

A: 나 이번 주 금요일에 파티를 열건데, 네가 와줬으면 좋겠어.

B: 물론이지, 꼭 갈게.

I wish ~.

~라면 좋겠어

A: **Would you like to have lunch with me? It's my treat.**

우쥬 라익 투 해브 런치 윗 미? 잇츠 마이 트릿.

나랑 점심 먹을래? 내가 쏠게.

B: **I wish I could have lunch with you, but I have a previous engagement.**

아이 위시 아이 쿠드 해브 런치 윗 유, 벗 아이 해버 프리비어스 엔게이지먼트.

점심을 같이 하면 좋겠지만, 선약이 있어.

Check Point!

I wish ~.는 현실적으로 이루어질 가능성이 거의 없는 일이나 현실과 반대되는 상황을 가정해서 '~라면 좋겠다'고 바랄 때 사용할 수 있는 패턴입니다. 이 패턴에서는 반드시 were나 could 등의 과거시제를 써야 해요. 하지만 바라는 내용의 시점은 언제나 현재라는 점에 주의하세요!

Basic Expression

비가 왔으면 좋겠어.

I wish it would rain.

아이 위시 잇 우드 레인.

네가 죽었으면 좋겠어.

I wish you were dead.

아이 위시 유 워 데드.

당신이 제 엄마라면 좋겠어요.

I wish you were my mother.

아이 위시 유 워 마이 마더.

네가 치과의사라면 좋겠어.

I wish you were a dentist.

아이 위시 유 워러 덴티스트.

네가 여기 나와 함께 있으면 좋을 텐데.

I wish you were here with me.

아이 위시 유 워 히어 윗 미.

시험 없이 살 수 있다면 좋을 텐데.

I wish I could live without examination.

아이 위시 아이 쿠드 리브 위다웃 이그재미네이션.

027 대화 다시듣기

☐ ☐ ☐

A: 나랑 점심 먹을래? 내가 쏠게.

B: 점심을 같이 하면 좋겠지만, 선약이 있어.

Unit 028 I hope ~.

~하면[라면] 좋겠어.

A: **I hope you're right.**

아이 호웊 유아 라잇.

네 말이 맞았으면 좋겠어.

B: **I'm always right.**

아임 올웨이즈 라잇.

내 말은 항상 맞아.

Check Point!

I hope ~.는 자신이 무엇을 하면 좋을지, 무엇을 하길 바라는지 구체적으로 말할 때 사용할 수 있는 패턴입니다. I wish ~.처럼 이루지 못할 소망을 막연히 바라는 것이 아니라 현실적으로 가능한 일을 바랄 때 사용하죠. 뒤에 to 부정사가 올 수도 있고 that 절이 올 수도 있는데 이 때 that은 보통 생략됩니다.

Basic Expression

오늘 비가 오면 좋겠어.

I hope it rains today.

아이 호웁 잇 레인스 투데이.

네가 그거 마음에 들어 했으면 좋겠어.

I hope you will like it.

아이 호웁 유 윌 라이킷.

나도 예쁜 여자 친구가 생기면 좋겠어.

I hope I can get a pretty girlfriend.

아이 호웁 아이 캔 게러 프리티 걸프렌드.

네가 연락하고 지냈으면 좋겠어.

I hope you'll keep in touch.

아이 호웁 유일 킵 인 터치.

네가 곧 새 직장을 구했으면 좋겠어.

I hope you find a new job soon.

아이 호웁 유 파인드 어 뉴 잡 쑨.

아이들이 모두 무사하면 좋겠어요.

I hope the children are all right.

아이 호웁 더 칠드런 아 올 라잇.

□ □ □

A: 네 말이 맞았으면 좋겠어.

B: 내 말은 항상 맞아.

I'm looking forward to ~.

~를 기대하고 있어

A: **I'm Alice Brown. I'm the new recruit here.**

아임 앨리스 브라운. 아임 더 뉴 리쿠르트 히어.

앨리스 브라운입니다. 신입사원이에요.

B: **Hi, Alice. Jack Davis here. I'm looking forward to working with you.**

하이, 앨리스. 잭 데이비스 히어. 아임 루킹 풔워드 투 워킹 윗 유.

안녕하세요, 앨리스. 전 잭 데이비스예요.
함께 일하게 돼서 무척 기대가 큽니다.

Check Point!

I'm looking forward to ~.는 즐거운 마음으로 어떤 일을 손꼽아 기다린다는 기대감 가득한 뉘앙스 때문에 듣는 사람조차 기대감을 품게 되는 기분 좋은 표현입니다. 여기서 to는 전치사이기 때문에 뒤에 반드시 명사나 동명사가 와야 한다는 것에 주의하세요!

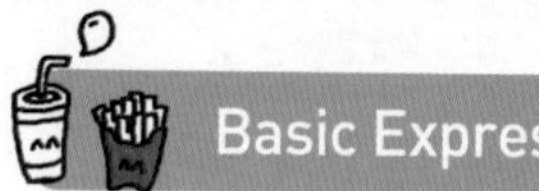

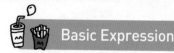

난 주말을 무지하게 기다리고 있어.

I'm looking forward to the weekend.

아임 루킹 풔워드 투 더 위켄드.

난 휴가를 엄청 기대하고 있어.

I'm looking forward to the vacation.

아임 루킹 풔워드 투 더 베이케이션.

그녀를 만나기를 무척 기대하고 있어.

I'm looking forward to seeing her.

아임 루킹 풔워드 투 씨잉 허.

널 다시 만나기를 손꼽아 기다리고 있어.

I'm looking forward to seeing you again.

아임 루킹 풔워드 투 씨잉 유 어겐.

그 영화 보는 게 너무너무 기대돼.

I'm looking forward to seeing the movie.

아임 루킹 풔워드 투 씨잉 더 무비.

내 생일 파티를 엄청 기대하고 있어.

I'm looking forward to my birthday party.

아임 루킹 풔워드 투 마이 버쓰데이 파티.

☐ ☐ ☐

A: 앨리스 브라운입니다. 신입사원이에요.

B: 안녕하세요, 앨리스. 전 잭 데이비스예요. 함께 일하게 돼서 무척 기대가 큽니다.

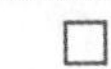

I'm looking for ~.

~을 찾고 있어

A: **I'm looking for my key. Haven't you seen my wallet, Roy?**

아임 루킹 풔 마이 키. 핸븐츄 씬 마이 월릿, 로이?

나 지금 열쇠 찾고 있는데. 로이, 내 지갑 못 봤니?

B: **No, I haven't.**

노우, 아이 해븐ㅌ.

못 봤어요.

Check Point!

I'm looking for ~.는 열쇠나 카드, 지갑 등 당장 필요한 물건을 어디에 두었는지 생각나지 않을 때 집안을 샅샅이 뒤지면서 하게 되는 표현입니다. 그밖에 쇼핑할 때도 길을 물을 때도 쉽고 간단하게 쓸 수 있는 표현이므로 잘 익혀두세요.

Basic Expression

안경을 찾고 있어.

I'm looking for my glasses.

아임 루킹 풔 마이 글래시즈.

새 직장을 알아보고 있는 중이야.

I'm looking for a new job.

아임 루킹 풔러 뉴 잡.

약국을 찾고 있는데요.

I'm looking for a drugstore.

아임 루킹 풔러 드럭스토어.

와인 관련 책을 찾고 있어요.

I'm looking for some books about wine.

아임 루킹 풔 썸 북스 어바웃 와인.

아이패드 최신형을 찾고 있어요.

I'm looking for the latest model of the iPad.

아임 루킹 풔 더 레이티슷 마들 어브 디 아이패드.

신상 가방을 찾고 있어요.

I'm looking for a brand-new bag.

아임 루킹 풔러 브랜드-뉴 백.

030 대화 다시듣기

☐ ☐ ☐

A: 나 지금 열쇠 찾고 있는데. 로이, 내 지갑 못 봤니?

B: 못 봤어요.

앞에서 배운 기본 패턴입니다. 빈 칸을 채워보세요.
정답은 각 유닛에서 확인하세요.

021

난 돈을 많이 벌고 싶어.

_______________ make lots of money.

022

난 좀 쉬어야 해.

_______________ take a rest.

023

나 오늘 8시까지 일해야 해.

_______________ work until 8 today.

024

머쉬룸 피자 작은 걸로 갖다 주세요.

_______________ a small mushroom pizza please.

025

아내에게 줄 뭔가를 사고 싶어요.

_______________ get something for my wife.

Part 03 실력 체크

026

날 위해서 뭔가 좀 해주시면 좋겠어요.

__________________ do something for me.

027

네가 여기 나와 함께 있으면 좋을 텐데.

______________ you were here with me.

028

네가 곧 새 직장을 구했으면 좋겠어.

______________ you find a new job soon.

029

널 다시 만나기를 손꼽아 기다리고 있어.

__________________________ seeing you again.

030

신상 가방을 찾고 있어요.

__________________ a brand-new bag.

PART 04

감사, 위로, 칭찬, 사과, 변명할 때

영어

Thank you for ~.

~해줘서 고마워

A: **Thank you for your time.**

땡큐 풔 유어 타임.

시간 내 줘서 고마워.

B: **My pleasure. Please have a seat.**

마이 플레저. 플리즈 해버 씻.

천만에. 앉기나 해.

Check Point!

감사 표현 뒤에 전치사 for로 연결해 구체적으로 무엇에 대해서 고맙게 생각하고 있는지 덧붙이면 훨씬 더 감사하는 마음의 깊이가 느껴지는 표현이 됩니다. 반대로 뭔가를 하지 않아서 고맙다고 말할 때는 Thank you for 뒤에 not을 넣으면 됩니다.

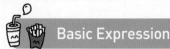

Basic Expression

와 줘서 고마워.

Thank you for coming.

땡큐 풔 커밍.

케이크 고마워.

Thank you for the cake.

땡큐 풔 더 케이크.

이 모든 것들이 다 고마워.

Thank you for all of this.

땡큐 풔 올 어브 디스.

전화 해줘서 고마워.

Thank you for calling.

땡큐 풔 콜링.

솔직하게 말해줘서 고마워.

Thank you for being honest with me.

땡큐 풔 비잉 어니스트 윗 미.

아무 말도 안 해줘서 고마워.

Thank you for not saying anything.

땡큐 풔 낫 세잉 에니씽.

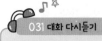

□ □ □

A: 시간 내 줘서 고마워.

B: 천만에. 않기나 해.

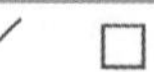

I appreciate ~.

~해주셔서 감사합니다

A: **I appreciate your visiting my house. Come on in.**

아이 어프리쉬에잇 유어 비지팅 마이 하우스. 컴 온 인.

우리 집에 와주셔서 정말 고마워요. 안으로 들어오세요.

B: **Thanks. You have a lovely house.**

땡스. 유 해버 러블리 하우스.

고마워요. 집이 참 예쁘네요.

Check Point!

Thank you for ~.보다 훨씬 정중하고 공손하고 부드러운 감사 표현입니다. How nice of you to ~?(~해주다니 정말 고마워) 패턴으로도 감탄하는 뉘앙스가 포함된 기분 좋은 감사를 전할 수 있어요. 앞으로 뭔가를 해준다면 감사하겠다고 말할 때는 I'd appreciate it if you could ~. 패턴을 쓰도록 해보세요.

Basic Expression

친절에 감사드립니다.

I appreciate your kindness.

아이 어프리쉬에잇 유어 카인드니스.

도와주셔서 감사합니다.

I appreciate your help.

아이 어프리쉬에잇 유어 헬프.

제 편 들어주셔서 고마워요.

I appreciate you backing me up.

아이 어프리쉬에잇 유어 백킹 미 업.

점심에 초대해 줘서 감사합니다.

I appreciate your inviting me to lunch.

아이 어프리쉬에잇 유어 인바이팅 미 투 런치.

걱정해 주셔서 감사합니다만, 난 괜찮아요.

I appreciate your concern, but I'm fine.

아이 어프리쉬에잇 유어 컨선, 벗 아임 파인.

관심을 가져 주셔서 감사합니다.

I appreciate your interest.

아이 어프리쉬에잇 유어 인터레스트.

☐ ☐ ☐

A: 우리 집에 와주셔서 정말 고마워요. 안으로 들어오세요.

B: 고마워요. 집이 참 예쁘네요.

Congratulations on ~.

~을 축하해

A: **Congratulations on your 10th anniversary.**

컨그래츄레이션스 온 유어 텐쓰 애니버서리.

결혼 10주년을 축하합니다.

B: **Thank you very much.**

땡큐 베리 머치.

고마워요.

Check Point!

Congratulations!(축하합니다!)는 I offer you my Congratulations!를 줄인 말입니다. 뭔가를 노력해서 이룬 일이나 경쟁에서 승리한 것을 축하한다는 뉘앙스가 강해서 경축일, 행사, 축제일 등을 축하(celebrate)할 때에는 쓰지 않습니다.

Basic Expression

졸업 축하해!

Congratulations on your graduation!

컨그래츄레이션스 온 유어 그래쥬에이션!

승진 축하해요!

Congratulations on your promotion!

컨그래츄레이션스 온 유어 프러모우션!

성공을 축하해요.

Congratulations on your success.

컨그래츄레이션스 온 유어 석세스.

결혼 축하해!

Congratulations on your wedding!

컨그래츄레이션스 온 유어 웨딩!

새 직장 얻은 거 축하해.

Congratulations on your new job.

컨그래츄레이션스 온 유어 뉴 잡.

30번째 생일을 축하드립니다.

Congratulations on your 30th birthday.

컨그래츄레이션스 온 유어 서티쓰 버쓰데이.

033 대화 다시듣기

□ □ □

A: 결혼 10주년을 축하합니다.

B: 고마워요.

I like the way ~.

~하는 방식이 맘에 들어

A: **I like the way you cook. It's really delicious.**

아이 라익 더 웨이 유 쿡. 잇츠 리얼리 딜리셔스.

난 당신이 요리하는 방식이 마음에 들어요. 정말 맛있거든요.

B: **Thank you. Would you like some more of that?**

땡큐. 우쥬 라익 썸 모어 어브 댓?

고마워요. 그거 좀 더 드실래요?

Check Point!

the way ~는 (주어가) ~하는 방식[방법]이라는 뜻으로 특정한 사람의 어떤 행동이나 상태의 방식이 마음에 든다고 칭찬할 때 사용할 수 있는 패턴입니다.

Basic Expression

네가 일 처리하는 방식이 마음에 들어.

I like the way you do business.

아이 라익 더 웨이 유 두 비즈니스.

네가 사람들에게 말하는 방식이 좋아.

I like the way you talk to people.

아이 라익 더 웨이 유 톡 투 피플.

네가 땀 흘리는 방식이 좋아.

I like the way you sweat.

아이 라익 더 웨이 유 스웻.

보이는 그대로의 내가 난 맘에 들어.

I like the way I look.

아이 라익 더 웨이 아이 룩.

네가 세상을 바라보는 방식이 마음에 들어.

I like the way you see the world.

아이 라익 더 웨이 유 씨 더 월드.

네가 그렇게 다이내믹하게 경기하는 방식이 맘에 들어.

I like the way you play so dynamically.

아이 라익 더 웨이 유 플레이 쏘우 다이너미컬리.

034 대화 다시듣기

A: 난 네가 요리하는 방식이 마음에 들어. 정말 맛있거든.

B: 고마워요. 그거 좀 더 드실래요?

You did a good job on ~.

~을 참 잘 했어

A: **You did a good job on your exams.**

유 디더 굿 잡 온 유어 이그잼스.

너 시험을 참 잘 봤더구나.

B: **Really? Thank you!**

리얼리? 땡큐!

정말요? 감사합니다.

Check Point!

상대방에게 무언가를 잘했다고 칭찬할 때 흔히 Good job! Great job! Well done! 등의 표현을 씁니다. 전치사 on을 사용해서 구체적으로 무엇을 잘 했는지 말해주면 칭찬의 효과가 더 높아지죠. You have a good head for ~.(~에 강하구나), You're pretty good with ~.(~를 참 잘 다루는구나), You have an eye for ~.(~ 감각이 뛰어나구나) 등의 칭찬 표현도 알아둡시다.

Basic Expression

너 이번 일 참 잘했어.

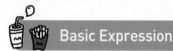

You did a good job on this one.

유 디더 굿 잡 온 디스 원.

부엌일을 참 잘했어.

You did a good job on the kitchen.

유 디더 굿 잡 온 더 키친.

전반적으로 참 잘했어.

You did a good job on the whole.

유 디더 굿 잡 온 더 호울.

어젯밤 참 잘했어.

You did a good job last night.

유 디더 굿 잡 라슷 나잇.

너 오늘 연설 참 잘했어.

You did a good job on your speech today.

유 디더 굿 잡 온 유어 스피치 투데이.

하루 잘 보냈니?

Did you have a good day?

디쥬 해버 굿 데이?

☐ ☐ ☐

A: 너 시험을 참 잘 봤더구나.

B: 정말요? 감사합니다.

학습일 / □

Unit 036 I'm afraid ~.

~라 유감이야 / ~가 무서워

Mini Talk

A: **Mom, how is the weather today?**

맘, 하우 이즈 더 웨더 투데이?

엄마, 오늘 날씨 어때요?

B: **I'm afraid it will rain. You'd better take a raincoat with you.**

아임 어프레이드 잇 윌 레인. 유드 베러 테이커 레인코우트 윗 유.

비 올 것 같아.
우비를 가져가는 게 좋겠어.

Check Point!

I'm afraid ~.는 ~를 하게 되어 유감이라는 의미로, 바람직하지 않은 일이나 반대할 때 그 부정의 어감을 부드럽게 하는 용도로 씁니다. 하지만 전치사 of와 함께 명사 혹은 동명사로 대상을 언급하면 그것이 무섭거나 두렵다는 의미가 되고 to 부정사의 경우에도 맥락에 따라 두렵다는 의미가 됩니다.

Basic Expression

유감이지만 아닌 것 같아.

I'm afraid not.

아임 어프레이드 낫.

아무래도 네가 틀린 것 같아.

I'm afraid you're wrong.

아임 어프레이드 유아 롱.

미안하지만 동의할 수 없어.

I'm afraid I don't agree with you.

아임 어프레이드 아이 돈ㅌ 어그리 윗 유.

난 실패하는 게 두려워.

I'm afraid of failure.

아임 어프레이드 어브 페일러.

난 높은 곳이 무서워.

I'm afraid of heights.

아임 어프레이드 어브 하이츠.

난 저녁에 혼자서 조깅하는 게 두려워.

I'm afraid to jog alone in the evening.

아임 어프레이드 투 좌그 어론 인 디 이브닝.

□ □ □

A: 엄마, 오늘 날씨 어때요?

B: 비 올 것 같아. 우비를 가져가는 게 좋겠어.

학습일 /

Unit 037 I'm sorry for ~.

~해서 미안해

Mini Talk

A: **I'm sorry for being late. Have I kept you waiting long?**

아임 쏘리 풔 비잉 레잇. 해브 아이 켑트 유 웨이팅 롱?

늦어서 미안해. 오래 기다렸지?

B: **No, I've only just arrived.**

노우, 아이브 오운리 저슷 어라이브드.

아니야, 나도 지금 막 도착했어.

Check Point!

I'm sorry.라는 말만으로도 충분히 미안하다는 표현이 되지만 무엇에 대해서 미안한지 이유나 변명 등을 구체적으로 말하고 싶을 때는 전치사 for(+명사[동명사])나 to 부정사, that절을 써서 뒤에 덧붙이면 됩니다.

Basic Expression

너한테 소리 질러서 미안해.

I'm sorry for yelling at you.

아임 쏘리 풔 옐링 앳 유.

어질러 놓아서 미안해.

I'm sorry for making such a mess.

아임 쏘리 풔 메이킹 서치 어 메쓰.

방해해서 미안해.

I'm sorry for disturbing you.

아임 쏘리 풔 디스터빙 유.

답장이 늦어서 미안해.

I'm sorry for my late reply.

아임 쏘리 풔 마이 레잇 리플라이.

기다리게 해서 미안해.

I'm sorry for making you wait.

아임 쏘리 풔 메이킹 유 웨잇.

실수해서 미안해요.

I'm sorry for the mistake.

아임 쏘리 풔 더 미스테익.

037 대화 다시듣기

□ □ □

A: 늦어서 미안해. 오래 기다렸지?

B: 아니야, 나도 지금 막 도착했어.

I apologize for ~.

~에 대해 사과드립니다

A: **I apologize for ringing at such a late hour.**

아이 어팔러자이즈 풔 링잉 앳 서치 어 레잇 아워.

밤늦게 전화해서 죄송합니다.

B: **That's all right.**

댓츠 올 라잇.

괜찮습니다.

Check Point!

I apologize for ~.는 I'm sorry for ~.보다 더 공손하고 정중하게 격식을 갖춘 사과 표현입니다. 따라서 진지하게 고개 숙여 '죄송합니다, 사과드립니다'라고 사죄하는 뉘앙스가 강하죠.

Basic Expression

제가 했던 말에 대해서 사과합니다.

I apologize for what I said.

아이 어팔러자이즈 풔 웟 아이 셷.

제가 했던 일을 사과합니다.

I apologize for what I did.

아이 어팔러자이즈 풔 웟 아이 딧.

답장이 늦어 죄송합니다.

I apologize for the late reply.

아이 어팔러자이즈 풔 더 레잇 리플라이.

제가 한 짓에 대해 사과드립니다.

I apologize for what I've done.

아이 어팔러자이즈 풔 웟 아이브 던.

아까 말씀 중에 끼어들어서 죄송합니다.

I apologize for interrupting before.

아이 어팔러자이즈 풔 인터럽팅 비풔.

이 점 사과드립니다.

I apologize for this oversight.

아이 어팔러자이즈 풔 디스 오우버사잇.

□ □ □

A: 밤늦게 전화해서 죄송합니다.

B: 괜찮습니다.

I'm glad (to/that) ~.

~라 기뻐

A: **I'm glad you came.**

아임 글랫 유 케임.

네가 와줘서 기뻐.

B: **Thank you. I'm happy to be here.**

땡큐. 아임 해피 투 비 히어.

고마워. 나도 여기 있게 돼서 기뻐.

Check Point!

I'm glad (to) ~. 패턴은 I'm happy ~.(~라서 행복해), It's so nice to ~.(~해서 너무 좋아)로 바꿔 써도 아무 상관없을 정도로 거의 비슷한 정도의 기쁨을 나타냅니다. 뒤에 to부정사가 와도 되고 that절이 와도 되는데 접속사 that은 생략해도 됩니다.

Basic Expression

만나서 반가워.

I'm glad to meet you.

아임 글랫 투 밋츄.

그 말을 들으니 기뻐.

I'm glad to hear that.

아임 글랫 투 히어 댓.

도울 수 있어 기뻐.

I'm glad to help you.

아임 글랫 투 핼프 유.

그게 다 끝나서 기뻐.

I'm glad that's all over.

아임 글랫 댓츠 올 오우버.

네가 마음에 든다니 기뻐.

I'm glad that you liked it.

아임 글랫 댓 유 라익트 잇.

일이 잘 풀려서 기뻐.

I'm glad that things worked out.

아임 글랫 댓 씽즈 웍트 아웃.

□ □ □

A: 네가 와줘서 기뻐.

B: 고마워. 나도 여기 있게 돼서 기뻐.

학습일 / 

Unit 040 I'm not trying to ~.

~하려는 건 아니야

A: **What the hell are you trying to do?**

왓 더 헬 아 유 트라잉 투 두?

너 대체 뭘 하려는 거야?

B: **I'm not trying to do anything. I was just looking for my book.**

아임 낫 트라잉 투 두 에니씽. 아이 워즈 저슷 루킹 풔 마이 북.

뭘 하려는 게 아니야.
난 그냥 내 책을 찾고 있었어.

Check Point!

I'm not trying to ~.은 자신의 행동을 변호할 때 사용할 수 있는 패턴입니다. 남들이 오해하기 좋은 상황에서 딱 걸렸을 때 무언가를 하려고 하는 것은 절대로 아니라는 것을 밝히기 위해 꼭 필요한 표현이죠. 변명이든 변호든 필요할 땐 해야 하는 법!

Basic Expression

장난치려는 게 아니야.

I'm not trying to be funny.

아임 낫 트라잉 투 비 퍼니.

널 통제하려는 게 아니야.

I'm not trying to control you.

아임 낫 트라잉 투 컨트럴 유.

널 재촉하려는 게 아니야.

I'm not trying to rush you.

아임 낫 트라잉 투 러쉬 유.

널 위험에 빠트리려고 하는 게 아니야.

I'm not trying to get you in trouble.

아임 낫 트라잉 투 겟 유 인 트러블.

네가 죄책감 느끼게 하려는 건 아니야.

I'm not trying to make you feel guilty.

아임 낫 트라잉 투 메익 유 필 길티.

나 절대로 빈정대려는 건 아니야.

I'm not trying to be sarcastic at all.

아임 낫 트라잉 투 비 사캐스틱 앳 올.

☐ ☐ ☐

A: 너 대체 뭘 하려고 하는 거야?

B: 뭘 하려는 게 아니야. 난 그냥 내 책을 찾고 있었어.

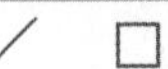

I didn't know ~.

난 ~인지 몰랐어.

A: **Why didn't you answer my phone calls?**

와이 디든츄 앤서 마이 포운 콜즈?

너 왜 내 전화 안 받은 거야?

B: **I'm sorry. I didn't know it was turned off.**

아임 쏘리. 아이 디든ㅌ 노우 잇 워즈 턴드 오프.

미안해. 전화기가 꺼져있는 줄 몰랐어.

Check Point!

몰랐다고 잡아떼는 것이 가장 쉽고 흔한 변명입니다. 하지만 그냥 몰랐다는 말로는 부족하니 이유를 붙이게 되죠. I thought you were ~.(난 네가 ~인 줄 알았어), I thought it would be ~.(난 (그것이) ~일 거라고 생각했어) 등의 표현도 변명에는 아주 유용하답니다.

Basic Expression

네가 여기 있는지 몰랐어.

I didn't know you were here.

아이 디든ㅌ 노우 유 워 히어.

너도 회원인 줄 몰랐어.

I didn't know you were a member.

아이 디든 노우 유 워러 멤버.

그게 그렇게 엄청난 비밀인 줄 몰랐어.

I didn't know it was a big secret.

아이 디든 노우 잇 워즈 어 빅 시크릿.

난 그가 게이인 줄 몰랐어.

I didn't know he was gay.

아이 디든 노우 히 워즈 게이.

난 어떻게 해야 할 지 몰랐어.

I didn't know what to do.

아이 디든 노우 웟 투 두.

난 네가 날 기다리고 있는 줄 몰랐어.

I didn't know you were waiting for me.

아이 디든ㅌ 노우 유 워 웨이팅 풔 미.

041 대화 다시듣기

A: 너 왜 내 전화 안 받은 거야?

B: 미안해. 전화기가 꺼져있는 줄 몰랐어.

It's just that ~.

그냥 ~ 해서 그래.

A: **Are you all right?**

아 유 올 라잇?

너 괜찮니?

B: **Yeah, I'm fine. It's just that I feel a little dizzy.**

예, 아임 파인. 잇츠 저슷 댓 아이 필 어 리를 디지.

응, 괜찮아. 그냥 좀 어지러워서 그래.

Check Point!

이 패턴 역시 어떤 상황을 두고 질문을 받거나 해명을 요구받았을 때 회피성으로 '그냥 ~라서 그래' 식으로 대답하는 회피성 변명 표현입니다. It's not that ~.(~인 건 아니야), No offense, but ~.(기분 나쁘게 하려는 건 아닌데, ~) 등의 표현으로 짝을 맞추기 쉽죠.

Basic Expression

그냥 가기 싫어서 그래.

It's just that I don't want to go.

잇츠 저슷 댓 아이 돈ㅌ 원투 고우.

그냥 네가 알아차리지 못한 거야.

It's just that you've never noticed.

잇츠 저슷 댓 유브 네버 노티스트.

그냥 네가 오늘 좀 피곤해 보여서 그래.

It's just that you look a little tired today.

잇츠 저슷 댓 유 룩 어 리를 타이어드 투데이.

그냥 그가 좋아하지 않아서 그래.

It's just that he does not like him.

잇츠 저슷 댓 히 더즈 낫 라익 힘.

그냥 그가 날 겁주려는 거야.

It's just that he's scaring me.

잇츠 저슷 댓 히즈 스케어링 미.

네 바지 앞이 열려 있어서 그래.

It's just that your fly's undone.

잇츠 저슷 댓 유어 플라이즈 언던.

☐ ☐ ☐

A: 너 괜찮니?

B: 응, 괜찮아. 그냥 좀 어지러워서 그래.

There's no excuse for ~.

~에 변명의 여지가 없어

A: **There's no excuse for sloppiness.**

데어즈 노우 익스큐즈 풔 슬라피너스.

일처리가 엉성한 것에 대해선 변명의 여지가 없어요.

B: **I'll keep that in mind.**

아일 킵 댓 인 마인드.

명심하겠습니다.

Check Point!

excuse는 명사로 쓰일 때 '변명, 이유, 핑계'라는 뜻을 가지고 있어요. 이미 벌어진 일이나 실수, 잘못 등에 대해 명백하게 인정하고 사과하는 태도를 취할 필요가 있을 때, 또는 상대에게 변명 따윈 집어치우라고 따끔하게 지적할 때 사용할 수 있는 패턴입니다.

Basic Expression

그것에 대해서는 변명의 여지가 없어.

There's no excuse for that.

데어즈 노우 익스큐즈 풔 댓.

폭력은 어떤 이유로도 정당화될 수 없어.

There's no excuse for violence.

데어즈 노우 익스큐즈 풔 바이어런스.

내가 한 짓에 대해서는 할 말이 없어.

There's no excuse for what I did.

데어즈 노우 익스큐즈 풔 웟 아이 딧.

지각한 것에 대해서는 변명의 여지가 없어.

There's no excuse for being tardy.

데어즈 노우 익스큐즈 풔 비잉 타디.

이번 실수에 대해서는 변명이 안 통해.

There's no excuse for this mistake.

데어즈 노우 익스큐즈 풔 디스 미스테익.

그런 행동을 정당화할 수는 없어.

There's no excuse for such an action.

데어즈 노우 익스큐즈 풔 서치 언 액션.

A: 일처리가 엉성한 것에 대해선 변명의 여지가 없어요.

B: 명심하겠습니다.

☐ ☐ ☐

I can't help -ing ~.

~하지 않을 수 없어

A: **The show was so funny. I can't help laughing!**

더 쇼우 워즈 쏘우 퍼니. 아이 캔ㅌ 헬프 래핑!

그 방송 너무 재미있었어. 웃지 않을 수가 없더라구!

B: **Yeah, it was hilarious.**

예, 잇 워즈 힐레어리어스.

맞아, 정말 재미있었어.

Check Point!

I can't help -ing ~.는 의지와 상관없이 어떤 행동이나 생각, 감정 등을 취하게 될 때 사용할 수 있는 패턴입니다. 불가항력을 나타내는 비슷한 표현으로 I had no choice but to + 동사원형 ~.(~할 수 밖에 달리 방법이 없었어), I can't help but ~.(~할 수밖에 없어), I can't stop -ing ~. (~하는 걸 멈출 수가 없어) 등이 있습니다.

Basic Expression

그를 생각하지 않을 수가 없어.

I can't help thinking about him.

아이 캔ㅌ 헬프 씽킹 어바웃 힘.

자꾸만 너무 많이 먹게 돼.

I can't help eating too much.

아이 캔ㅌ 헬프 이팅 투 머치.

너와 사랑에 빠지지 않을 수 없어.

I can't help falling in love with you.

아이 캔ㅌ 헬프 폴링 인 러브 윗 유.

웃지 않을 수 없어.

I can't help smiling.

아이 캔ㅌ 헬프 스마일링.

따분해서 견딜 수 없어.

I can't help being bored.

아이 캔ㅌ 헬프 빙 보오드.

외로워서 견딜 수 없어.

I can't help feeling lonely.

아이 캔ㅌ 헬프 필링 로운리.

☐ ☐ ☐

A: 그 방송 너무 재미있었어. 웃지 않을 수가 없더라구!

B: 맞아, 정말 재미있었어.

It's no use -ing ~.

~해도 소용없어

A: **Should I ask him about it?**

슈다이 애스크 힘 어바웃 잇?

그것에 대해서 그에게 물어봐야 할까?

B: **It's no use asking him. He'll deny it.**

잇츠 노우 유즈 애스킹 힘. 히일 디나이 잇.

그에게 물어봤자 소용없어.
아니라고 할 거야.

Check Point!

It's no use는 '~해봐야 아무 소용없다, 헛일이다'라는 뜻으로 후회, 실망, 체념, 협박 등을 나타냅니다. 구체적으로 무엇이 쓸데없는 짓인지는 뒤에 동명사 이하의 내용으로 설명합니다.

Basic Expression

숨어봤자 소용없어.

It's no use hiding.

잇츠 노우 유즈 하이딩.

이미 엎질러진 물이야.

It's no use crying over spilt milk.

잇츠 노우 유즈 크라잉 오우버 스필트 밀크.

사실을 부정한들 아무 소용없어.

It's no use denying the fact.

잇츠 노우 유즈 디나잉 더 팩트.

시도해봤자 소용없어.

It's no use trying.

잇츠 노우 유즈 트라잉.

애걸복걸해도 소용없어.

It's no use begging and pleading.

잇츠 노우 유즈 베깅 앤 플리딩.

너한테 말해봤자 소용없어.

It's no use talking to you.

잇츠 노우 유즈 토킹 투 유.

045 대화 다시듣기

☐ ☐ ☐

A: 그것에 대해서 그에게 물어봐야 할까?

B: 그에게 물어봤자 소용없어. 아니라고 할 거야.

앞에서 배운 기본 패턴입니다. 빈 칸을 채워보세요.
정답은 각 유닛에서 확인하세요.

031

솔직하게 말해줘서 고마워.

_______________ being honest with me.

032

점심에 초대해 줘서 감사합니다.

_______________ your inviting me to lunch.

033

승진 축하해요!

_______________ your promotion!

034

네가 사람들에게 말하는 방식이 좋아.

_______________ you talk to people.

035

너 이번 일 참 잘했어.

_______________ this one.

Part 04 실력 체크

036

미안하지만, 동의할 수 없어.

__________ I don't agree with you.

037

기다리게 해서 미안해.

__________ making you wait.

038

제가 한 짓에 대해 사과드립니다.

__________ what I've done.

039

일이 잘 풀려서 기뻐.

__________ that things worked out.

040

널 위험에 빠트리려고 하는 게 아니야.

__________ get you in trouble.

041

난 네가 날 기다리고 있는 줄 몰랐어.

__________________ you were waiting for me.

042

그냥 가기 싫어서 그래.

_________________ I don't want to go.

043

내가 한 짓에 대해서는 할 말이 없어.

_____________________________ what I did.

044

너와 사랑에 빠지지 않을 수 없어.

_______________ fall____ in love with you.

045

너한테 말해봤자 소용없어.

______________ talk____ to you.

Good jab!

PART 05

계획, 일정, 약속을 말할 때

영어

학습일 / 

Unit 046 I'll ~.

내가 ~할게

A: **Excuse me, where is the sports center?**

익스큐즈 미, 웨어리즈 더 스포츠 센터?

실례지만, 스포츠 센터가 어디 있어요?

B: **It's not far. I'll take you there.**

잇츠 낫 파. 아일 테익 유 데어.

멀지 않아요. 제가 모셔다 드릴게요.

Check Point!

I'll은 I will 또는 I shall을 줄인 것으로 미래의 일을 나타낼 뿐만 아니라 내가 무엇을 하겠다는 의지를 나타낼 때도 쓴답니다. 반대로 어떤 일을 하지 않겠다고 분명하게 말할 때는 I won't를 씁니다.

Basic Expression

돌아올게.

I'll be back.

아일 비 백.

그것을 살게요.

I'll get it.

아일 겟 잇.

거기에 있을게[참석할게].

I'll be there.

아일 비 데어.

내가 쏠게.

I'll treat you.

아일 트륏 유.

내가 도와줄게.

I'll help you.

아일 헬프 유.

내 일정을 알려줄게.

I'll let you know my schedule.

아일 렛 유 노우 마이 스케줄.

□ □ □

A: 실례지만, 스포츠 센터가 어디 있어요?

B: 멀지 않아요. 제가 모셔다 드릴게요.

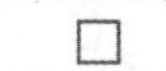

I'm going to ~.

~할 거야

A: **I'm going to try hang-gliding.**

아임 고우잉 투 트라이 행-글라이딩.

행글라이더를 타보려고 해.

B: **I don't think you ought to. You know it's dangerous.**

아이 돈ㅌ 씽크 유 오웃 투. 유 노우 잇츠 데인저러스.

그만 두는 게 좋을 걸. 위험하잖아.

Check Point!

I'm going to ~.는 우리말의 '~할 예정이야, ~할 거야'로 해석되며, 앞으로 무엇을 할 것인지 확실한 계획을 말할 때 사용할 수 있는 패턴입니다. 회화에서는 흔히 I'm gonna ~.로 줄여서 말하죠.

Basic Expression

난 산책하러 갈 거야.

I'm going to go for a walk.

아임 고우잉 투 고우 풔러 워크.

나 바람 좀 쐬고 올 거야.

I'm going to get some air.

아임 고우잉 투 겟 썸 에어.

난 회사에 늦을 거야.

I'm going to be late for work.

아임 고우잉 투 비 레잇 풔 웍.

난 우유를 좀 더 가져올 거야.

I'm going to get some more milk.

아임 고우잉 투 겟 썸 모어 밀크.

난 다이어트 시작할 거야.

I'm going to go on a diet.

아임 고우잉 투 고우 온 어 다이엇.

새 목욕탕 매트를 살 거야.

I'm gonna get a new bath mat.

아임 가너 겟 어 뉴 배쓰 맷.

□ □ □

A: 행글라이더를 타보려고 해.

B: 그만 두는 게 좋을 걸. 위험하잖아.

I'm planning to ~.

나 ~하려고 계획 중이야

A: **I'm planning to go to Hawaii this vacation.**

아임 플래닝 투 고우 투 하와이 디스 베이케이션.

올 휴가에는 하와이에 갈 계획이야.

B: **That's a good idea.**

댓츠 어 굿 아이디어.

좋은 생각이야.

Check Point!

I'm planning to ~.는 충동적인 결정이 아니라 시간을 두고 계획하고 일정을 보면서 차근차근 준비하고 있다는 뉘앙스를 갖는 패턴입니다.

Basic Expression

나 다음 주에 스키 타러 갈 작정이야.

I'm planning to go skiing next weekend.

아임 플래닝 투 고우 스키잉 넥스트 위켄드.

나 제주도로 이사 가려고 계획 중이야.

I'm planning to move down to Jeju.

아임 플래닝 투 무브 다운 투 제주.

난 유럽으로 갈 작정이야.

I'm planning to go to Europe.

아임 플래닝 투 고우 투 유럽.

한 동안은 서두르지 않을 작정이야.

I'm planning to take it easy for a while.

아임 플래닝 투 테이킷 이지 풔러 와일.

난 오늘밤에 공부할 생각이야.

I'm planning to study tonight.

아임 플래닝 투 스터디 투나잇.

오늘 오후에 할 생각이에요.

I'm planning to do it this afternoon.

아임 플래닝 투 두 잇 디스 애프터눈.

A: 올 휴가에는 하와이에 갈 계획이야.

B: 좋은 생각이야.

□ □ □

학습일 

Unit 049 I'm about to ~.

~하려던 참이야

Mini Talk

A: **It's so cold that my mouth is frozen.**

잇츠 쏘우 코울드 댓 마이 마우쓰 이즈 프로우즌.

너무 추워서 입이 얼었어.

B: **I'm about to freeze to death.**

아임 어바웃 투 프리즈 투 데쓰.

난 얼어 죽기 직전이야.

Check Point!

I'm about to ~.(~하려던 참이다)는 지금 어떤 동작이나 행위를 막 하려고 하는 시점에서 쓸 수 있는 패턴입니다. 또한 부사 just(막)를 넣어서 시점을 강조할 수도 있습니다.

Basic Expression

이제 막 네게 전화하려던 참이야.

I'm about to call you.

아임 어바웃 투 콜 유.

지금 막 그 말 하려던 참이야.

I'm about to say that.

아임 어바웃 투 세이 댓.

너한테 같은 질문을 하려던 참이야.

I'm about to ask you the same question.

아임 어바웃 투 애스크 유 더 세임 퀘스천.

이제 그걸 끝내려는 참이야.

I'm about to end it.

아임 어바웃 투 엔드 잇.

막 떠나려는 참이야.

I'm about to leave.

아임 어바웃 투 리브.

이제 막 쉬려던 참이야.

I'm about to go on break.

아임 어바웃 투 고우 온 브레익.

□ □ □

A: 너무 추워서 입이 얼었어.

B: 난 얼어 죽기 직전이야.

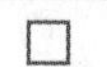

I'm willing to ~.

기꺼이 ~할게

A: **Are you willing to risk that?**

아 유 윌링 투 리스크 댓?

그런 위험을 감수할 생각이야?

B: **Yes, I am. I'm willing to take that chance.**

예스, 아이 엠. 아임 윌링 투 테익 댓 챈스.

응, 기꺼이 모험을 하겠어.

Check Point!

I want to ~.(~하고 싶어)보다 더 적극적으로 무언가를 하겠다고 나설 때 쓰는 표현입니다. 따라서 기꺼이, 기분 좋게, 어떤 위험이라도 감수하겠다는 뉘앙스가 강하죠.

Basic Expression

기꺼이 널 도와줄게.

I'm willing to help you.

아임 윌링 투 헬프 유.

내가 기꺼이 그걸 할게.

I'm willing to do that.

아임 윌링 투 두 댓.

난 기꺼이 널 위해 싸울 거야.

I'm willing to fight for you.

아임 윌링 투 파잇 풔 유.

기꺼이 협력할게.

I'm willing to cooperate.

아임 윌링 투 코우퍼레잇.

내가 기꺼이 그 일을 떠맡을게.

I'm willing to undertake the job.

아임 윌링 투 언더테익 더 잡.

비용이 얼마나 들든 기꺼이 지불할게.

I'm willing to pay whatever it costs.

아임 윌링 투 페이 웟에버 잇 코스츠.

050 대화 다시듣기

A: 그런 위험을 감수할 생각이야?

B: 응, 기꺼이 모험을 하겠어.

☐ ☐ ☐

Are you going to ~?

너 ~할 거니?

A: **Are you going to talk to her?**

아 유 고우잉 투 톡 투 허?

너 그녀와 얘기할 거야?

B: **I'm afraid so.**

아임 어프레이드 쏘우.

그래야 할 것 같아.

Check Point!

상대방에게 무언가를 할 거냐고 물을 때는 가까운 미래를 나타내는 Are you going to ~? 패턴을 활용하는 것이 가장 쉽고 간단합니다. going to는 gonna로 흔히 줄여서 말합니다.

Basic Expression

거기 갈 거야?

Are you going to go there?

아 유 고우잉 투 고우 데어?

너 제니에게 전화 할 거니?

Are you going to call Jenny?

아 유 고우잉 투 콜 제니?

너 괜찮겠니?

Are you going to be okay?

아 유 고우잉 투 비 오우케이?

그 영화 볼 거야?

Are you going to watch the movie?

아 유 고우잉 투 워치 더 무비?

아침 먹을 거야 말 거야?

Are you going to eat breakfast or what?

아 유 고우잉 투 잇 블렉퍼슷 오어 웟?

오늘 밤에 파티 할 거야?

Are you gonna party tonight?

아 유 가너 파티 투나잇?

□ □ □

A: 너 그녀와 얘기할 거야?

B: 그래야 할 것 같아.

Are you ready to[for] ~?

~할 준비됐어?

A: Are you ready to **get started**?

아 유 레디 투 겟 스타티드?

시작할 준비 됐어?

B: **Sure. Let's do this.**

슈어. 렛츠 두 디스.

물론이야. 해보자.

Check Point!

상대방에게 준비됐냐고 물어볼 때는 그냥 Are you ready?라고만 해도 되지만 구체적으로 무엇을 할 준비가 됐는지 물을 때는 뒤에 <for + 명사> 또는 <to + 동사원형>을 붙여서 연결하면 됩니다.

Basic Expression

주문하시겠어요?

Are you ready to order?

아 유 레디 투 오더?

아빠가 될 준비 됐어요?

Are you ready to be a dad?

아 유 레디 투 비 어 대드?

그에게 진실을 말할 준비 됐니?

Are you ready to tell him the truth?

아 유 레디 투 텔 힘 더 트루쓰?

점심 먹을 준비 됐어?

Are you ready to have a lunch break?

아 유 레디 투 해버 런치 브레익?

시험 볼 준비 됐어?

Are you ready for the test?

아 유 레디 풔 더 테스트?

면접 볼 준비 됐어?

Are you ready for your interview?

아 유 레디 풔 유어 인터뷰?

052 대화 다시듣기

☐ ☐ ☐

A: 시작할 준비 됐어?

B: 물론이야. 해보자.

Unit 053 I'm supposed to ~.

난 ~하기로 되어 있어 / ~해야 해

A: **I'm supposed to go to the library with Jane.**

아임 서포우즈드 투 고우 투 더 랴이브레리 윗 제인.

제인이랑 도서관에 가기로 했어.

B: **I just saw her going outside with her boyfriend.**

아이 저슷 소우 허 고우잉 아웃사이드 윗 허 보이프렌드.

방금 걔 남자친구랑 밖으로 나가는 걸 봤는데.

Check Point!

I'm supposed to ~.(난 ~하기로 되어 있어 / ~해야 해) 패턴은 상대방과 이미 약속을 잡은 상태일 때도 쓰고, 도의적으로 또는 상식적으로 그렇게 하는 것이 옳다는 의미로도 씁니다.

Basic Expression

나 오늘 밤 거기에 가기로 되어 있어.

I'm supposed to go there tonight.

아임 서포우즈드 투 고우 데어 투나잇.

나 설거지하기로 되어 있어.

I'm supposed to wash the dishes.

아임 서포우즈드 투 워시 더 디쉬즈.

나 1시에 친구들과 만나기로 되어 있어.

I'm supposed to meet my friends at 1.

아임 서포우즈드 투 밋 마이 프렌즈 앳 원.

오늘 그를 만나기로 되어 있어.

I'm supposed to see him today.

아임 서포우즈드 투 씨 힘 투데이.

난 여기 있어야 해.

I'm supposed to be in here.

아임 서포우즈드 투 비 인 히어.

위층으로 옮겨야 해.

I'm supposed to move it upstairs.

아임 서포우즈드 투 무브 잇 업스테어즈.

□ □ □

A: 제인이랑 도서관에 가기로 했어.

B: 방금 걔 남자친구랑 밖으로 나가는 걸 봤는데.

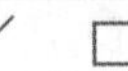

I'm scheduled to ~.

난 ~하기로 일정이 잡혀 있어

A: **Hi, I'm Kevin Lee. I'm scheduled to see Mrs. Robinson at 2.**

하이, 아임 케빈 리. 아임 스케줄드 투 씨 미시즈 라빈슨 앳 투.

안녕하세요. 케빈 리입니다.
로빈슨 씨와 2시에 만나기로 일정이 잡혀있습니다.

B: **Hi, Mr. Lee. I'll let her know you have arrived.**

하이, 미스터 리. 아일 렛 허 노우 유 해브 어라이브드.

안녕하세요. 이 선생님.
로빈슨 씨께 오셨다고 말씀드리겠습니다.

Check Point!

I'm supposed to ~.가 비교적 개인적인 일정이라면 I'm scheduled to ~.는 일과 관련되거나 반드시 지켜야 할 의무가 더 강한, 좀 더 공식적인 일정이라 할 수 있습니다.

Basic Expression

내일 이사하기로 일정이 잡혀 있어.

I'm scheduled to move tomorrow.

아임 스케줄드 투 무브 터마로우.

난 이미 근무 일정이 잡혀 있어.

I'm already scheduled to work.

아임 얼레디 스케줄드 투 웍.

나 미국 여행 가기로 계획이 잡혀 있어.

I'm scheduled to take a trip to America.

아임 스케줄드 투 테이커 트립 투 어메리커.

나 3시에 부산에 도착하는 걸로 일정이 잡혀 있어.

I'm scheduled to arrive in Busan at 3.

아임 스케줄드 투 어라이브 인 부산 앳 쓰리.

난 금요일에 떠나는 걸로 일정이 잡혀 있어.

I'm scheduled to leave on Friday.

아임 스케줄드 투 리브 온 프라이데이.

존 데이비스를 만나기로 일정이 잡혀 있어.

I am scheduled to meet John Davis.

아임 스케줄드 투 밋 잔 데이비스.

054 대화 다시듣기

A: 안녕하세요. 케빈 리입니다. 로빈슨 씨와 2시에 만나기로 일정이 잡혀 있습니다. □ □ □

B: 안녕하세요. 이 선생님. 로빈슨 씨께 오셨다고 말씀드리겠습니다. □ □ □

Unit 055 I promise I'll ~.

~하겠다고 약속할게

Mini Talk

A: **When will you be back?**

웬 윌 유 비 백?

언제 돌아올 거야?

B: **I promise I'll come back by the end of this month.**

아이 프라미스 아일 컴 백 바이 디 엔드 어브 디스 먼쓰.

이달 안에 돌아온다고 약속할게요.

Check Point!

무언가를 하겠다고 약속할 때 사용할 수 있는 패턴입니다. 반대로 약속할 수 없을 때는 I can't promise I'll ~.(~하겠다고 약속할 수 없어), 상대가 약속을 지키지 않은 것을 따질 때는 You promised you'd ~(너 ~하겠다고 약속했잖아), 상대에게 약속해 달라고 조를 때는 Promise you'll ~.(~하겠다고 약속해줘) 패턴을 쓸 수 있습니다.

Basic Expression

널 기다린다고 약속할게.

I promise I'll wait for you.

아이 프라미스 아윌 웨잇 풔 유.

이 빚은 꼭 갚겠다고 약속할게.

I promise I'll make this up to you.

아이 프라미스 아윌 메익 디스 업 투 유.

내일 너에게 전화하겠다고 약속할게.

I promise I'll call you tomorrow.

아이 프라미스 아윌 콜 유 터마로우.

네 곁에 있겠다고 약속할게.

I promise I'll be there for you.

아이 프라미스 아윌 비 데어 풔 유.

절대로 널 떠나지 않겠다고 약속할게.

I promise I'll never leave you.

아이 프라미스 아윌 네버 리브 유.

다음에 다시 오겠다고 약속할게.

I promise I'll come again later.

아이 프라미스 아윌 컴 어게인 레이러.

□ □ □

A: 언제 돌아올 거야?

B: 이달 안에 돌아온다고 약속할게요.

앞에서 배운 기본 패턴입니다. 빈 칸을 채워보세요.
정답은 각 유닛에서 확인하세요.

046

내 일정을 알려줄게.

________ let you know my schedule.

047

난 우유를 좀 더 가져올 거야.

________ get some more milk.

048

나 다음 주에 스키 타러 갈 작정이야.

________ go skiing next weekend.

049

너한테 같은 질문을 하려던 참이야.

________ ask you the same question.

050

비용이 얼마나 들든 기꺼이 지불할게.

________ pay whatever it costs.

Part 05 실력 체크

051

그 영화 볼 거야?

____________________ watch the movie?

052

면접 볼 준비 됐어?

____________________ your interview?

053

나 1시에 친구들과 만나기로 되어 있어.

____________________ meet my friends at 1.

054

나 미국 여행 가기로 계획이 잡혀 있어.

____________________ take a trip to America.

055

절대로 널 떠나지 않겠다고 약속할게.

____________________ never leave you.

PART 06

자신의 의견·생각을 말할 때

영어

학습일 ／ □

I can ~.

난 ~할 수 있어

A: **Calm down. I can explain all this.**

캄 다운. 아이 캔 익스플레인 올 디스.

진정해. 내가 이 모든 걸 설명해 줄 수 있어.

B: **I'm listening.**

아임 리스닝.

얘기해 봐.

Check Point!

자신 있게 무언가를 할 수 있다고 말할 때는 I can ~. 패턴을 씁니다. 하지만 스스로 확신이 서지 않을 땐 I think I can ~.으로 한 발 물러서는 것도 좋아요. 특기를 말할 때는 I'm really good at ~.(난 ~를 정말 잘해)라고 자신만만하게 외쳐봅시다.

Basic Expression

그 문제라면 내가 도와줄 수 있어.

I can help you with that.

아이 캔 헬프 유 윗 댓.

그건 내가 처리할 수 있어.

I can handle it.

아이 캔 핸들 잇.

몇 분 정도는 시간을 낼 수 있어.

I can spare a few minutes.

아이 캔 스페어러 퓨 미닛츠.

7시까지 집에 들어갈 수 있어.

I can be home by 7.

아이 캔 비 호움 바이 세븐.

곧 내 집을 살 수 있어.

I can get my own apartment soon.

아이 캔 겟 마이 오운 어파트먼트 쑨.

난 그 일에 대해 더 많은 정보를 찾을 수 있어.

I can find more information on that.

아이 캔 파인드 모어 인포메이션 온 댓.

056 대화 다시듣기

□ □ □

A: 진정해. 내가 이 모든 걸 설명해 줄 수 있어.

B: 얘기해 봐.

학습일 

I'm sure ~.

분명히 ~야 / ~을 확신해

A: **I'm sure I left my files in the car.**

아임 슈어 아이 레프트 마이 파일즈 인 더 카.

파일들을 차에 놔두고 온 게 분명해.

B: **Don't worry. I'll go get them.**

돈ㅌ 워리. 아일 고우 겟 뎀.

걱정 마. 내가 가서 가져올게.

Check Point!

I'm sure ~.는 어떤 일에 대해 확실하게 믿는다고 장담할 때 쓸 수 있는 표현입니다. 대개 전치사 of나 about를 함께 쓰죠. I believe ~. 패턴으로 바꿔도 의미는 똑같아요.

Basic Expression

난 너의 성공을 확신해.

I'm sure of your success.

아임 슈어 어브 유어 석세스.

난 그들이 꼭 올 거라고 확신해.

I'm sure of their coming.

아임 슈어 어브 데어 커밍.

난 그녀의 결백을 확신해.

I'm sure of her innocence.

아임 슈어 어브 허 이너슨스.

분명히 넌 이거 후회할 거야.

I'm sure you'll regret this.

아임 슈어 유윌 리그렛 디스.

넌 분명히 그게 마음에 들 거야.

I'm sure you'll like it.

아임 슈어 유윌 라이킷.

넌 분명 거기에 제 시간에 도착할 수 있을 거야.

I'm sure you can get there on time.

아임 슈어 유 캔 겟 데어 온 타임.

057 대화 다시듣기

□ □ □

A: 파일들을 차에 놔두고 온 게 분명해.

B: 걱정 마. 내가 가서 가져올게.

There's no doubt that ~.

~라는 건 의심할 여지가 없어.

A: **There's no doubt that Jack is my best friend.**

데어즈 노우 다웃 댓 잭 이즈 마이 베스트 프렌드.

잭이 내 절친이라는 건 의심할 여지가 없지.

B: **What about me? I thought I was your best friend.**

웟 어바웃 미? 아이 쏘웃 아이 워즈 유어 베스트 프렌드.

나는 어쩌고?
난 내가 네 절친이라고 생각했는데.

Check Point!

I'm sure ~. 패턴처럼 어떤 일에 대해 확실하게 믿는다고 장담할 때 쓸 수 있는 표현입니다. 의심할 여지도 없이 확실하다는 뜻이니까 어쩌면 가장 강한 확신의 단계라고 할 수 있죠.

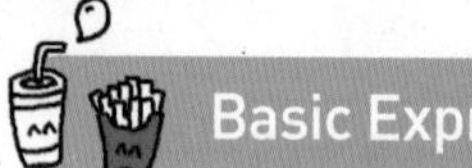

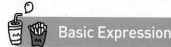

틀림없이 그는 천재야.

There's no doubt that he's a genius.

데어즈 노우 다웃 댓 히즈 어 지니어스.

그는 네 편지를 읽은 게 분명해.

There's no doubt that he read your letter.

데어즈 노우 다웃 댓 히 레드 유어 레터.

그게 좋은 지적이라는 건 의심할 여지가 없어.

There's no doubt that that's a good point.

데어즈 노우 다웃 댓 댓츠 어 굿 포인트.

그가 곤경에 처해 있다는 것은 의심의 여지가 없어.

There's no doubt that he's in a tough spot.

데어즈 노우 다웃 댓 히즈 인 어 터프 스팟.

그가 가끔 이런 생각을 했다는 것에는 의심의 여지가 없어.

There's no doubt that he thought this sometimes.

데어즈 노우 다웃 댓 히 쏘웃 디스 썸타임즈.

그가 훌륭한 배우라는 건 의심할 여지가 없어.

There's no doubt that he is a good actor.

데어즈 노우 다웃 댓 히 이즈 어 굿 액터.

A: 잭이 내 절친이라는 건 의심할 여지가 없지.

B: 나는 어쩌고? 난 내가 네 절친이라고 생각했는데.

☐ ☐ ☐

I think ~.

~라고 생각해

A: **I think this is a waste of time.**

아이 씽크 디스 이즈 어 웨이스트 어브 타임.

이건 시간낭비라고 생각해.

B: **Why do you always have to be so negative?**

와이 두 유 올웨이즈 해브 투 비 쏘우 네거티브?

왜 넌 늘 그렇게 부정적이어야 하는 거니?

Check Point!

I think ~.(~라고 생각해)는 자기의 생각을 말할 때 많이 쓰이는 패턴으로 100% 확신할 수는 없는 일에 대해 말할 때도 쓸 수 있습니다.

Basic Expression

난 그렇게 생각해.

I think so.

아이 씽크 쏘우.

난 네가 틀렸다고 생각해.

I think you're wrong.

아이 씽크 유아 롱.

난 네가 내 친구라고 생각해.

I think you're my friend.

아이 씽크 유아 마이 프랜드.

난 네가 매우 재능이 있다고 생각해.

I think you're very talented.

아이 씽크 유아 베리 탤런티드.

넌 그와 얘기를 해봐야 한다고 생각해.

I think you should talk to him.

아이 씽크 유 슈드 톡 투 힘.

나 몸살 기운이 있는 것 같아.

I think I'm coming down with the flu.

아이 씽크 아임 커밍 다운 윗 더 플루.

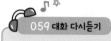

A: 이건 시간낭비라고 생각해.

B: 왜 넌 늘 그렇게 부정적이어야 하는 거니?

☐ ☐ ☐

I agree with[that] ~.

~에 찬성이야 / ~에 동의해

A: **I agree that Bart should be punished.**

아이 어그리 댓 바트 슈드 비 퍼니쉬트.

난 바트가 처벌받아야 한다는 데 동의해.

B: **No, I don't think so.**

노우, 아이 돈ㅌ 씽크 쏘우.

아니, 난 그렇게 생각하지 않아.

Check Point!

자기 의견을 분명히 말해야 할 때, 특히 찬성인지 반대인지 확실하게 해둬야 할 때 쓸 수 있는 표현입니다. 어떤 사람이나 의견에 동의한다고 말할 때는 I agree with ~. 패턴으로 말하고, 어떤 일이나 상황에 대해서 동의한다고 말할 때는 I agree that ~. 패턴으로 말합니다.

Basic Expression

네 의견에 동의해.

I agree with you.

아이 어그리 윗 유.

그 계획에 찬성이야.

I agree with the plan.

아이 어그리 윗 더 플랜.

이론상으로는 네 말에 동의해.

I agree with you in theory.

아이 어그리 윗 유 인 씨어리.

어느 정도는 그녀의 말에 동의해.

I agree with her to some extent.

아이 어그리 윗 허 투 썸 익스텐트.

그의 말에 전적으로 동의해.

I agree with him completely.

아이 어그리 윗 힘 컴플리틀리.

이게 어리석은 것은 나도 동의해.

I agree that this is stupid.

아이 어그리 댓 디스 이즈 스튜핏.

A: 난 바트가 처벌받아야 한다는 데 동의해.

B: 아니, 난 그렇게 생각하지 않아.

☐ ☐ ☐

It's a good idea to ~.

~하는 건 좋은 생각이야

A: **It's a good idea to eat here today.**

잇츠 어 굿 아이디어 투 잇 히어 투데이.

오늘 여기서 식사를 하는 건 좋은 생각이야.

B: **Yes, I think so, too.**

에스, 아이 씽크 쏘우, 투.

응, 나도 그렇게 생각해.

Check Point!

간단히 It's a good idea.라고 말해도 충분히 칭찬이 되지만, 상대방의 의견에 대해 찬반을 떠나서 어떤 점을 좋다고 생각하는지 구체적으로 의견을 말하고 싶을 때 쓸 수 있는 패턴입니다.

Basic Expression

음식을 천천히 먹는 건 좋은 생각이야.

It's a good idea to eat slow.

잇츠 어 굿 아이디어 투 잇 슬로우.

물을 많이 마시는 건 좋은 생각이야.

It's a good idea to drink lots of water.

잇츠 어 굿 아이디어 투 드링크 랏츠 어브 워러.

대안을 준비하는 건 좋은 생각이야.

It's a good idea to have a backup plan.

잇츠 어 굿 아이디어 투 해버 백업 플랜.

텔레비전을 멀리하는 건 좋은 생각이야.

It's a good idea to stay away from TV.

잇츠 어 굿 아이디어 투 스테이 어웨이 프럼 티비.

미리 준비하는 게 좋아.

It's a good idea to be ready.

잇츠 어 굿 아이디어 투 비 레디.

지금 시작하는 게 좋아.

It's a good idea to start now.

잇츠 어 굿 아이디어 투 스타트 나우.

061 대화 다시듣기

☐ ☐ ☐

A: 오늘 여기서 식사를 하는 건 좋은 생각이야.

B: 응, 나도 그렇게 생각해.

I'm against ~.

~에 반대야

A: **I'm against animal testing.**

아임 어겐스트 애니멀 테스팅.

전 동물 실험에 반대합니다.

B: **Please give us the reasons.**

플리즈 기브 어스 더 리즌즈.

이유를 말씀해 주세요.

Check Point!

I'm against ~. 패턴은 다른 사람의 의견에 명백하게 반대할 때 쓸 수 있는 표현입니다. 이 표현이 너무 강하다고 생각되거나 굳이 반대할 것까지는 아니라 싶다면 I don't agree with ~.(~에 동의하지 않아) 정도의 표현이 무난합니다.

Basic Expression

난 네 생각에 반대야.

I'm against you.

아임 어겐스트 유.

난 그 계획에 반대야.

I'm against the plan.

아임 어겐스트 더 플랜.

난 그들을 반대해.

I'm against them.

아임 어겐스트 뎀.

난 그것에 절대 반대야.

I'm completely against that.

아임 컴플리틀리 어겐스트 댓.

난 폭력에 반대해.

I'm against violence.

아임 어겐스트 바이어런스.

난 사형제도에 반대야.

I'm against the death penalty.

아임 어겐스트 더 대쓰 페널티.

062 대화 다시듣기

□ □ □

A: 전 동물 실험에 반대합니다.

B: 이유를 말씀해 주세요.

Are you for or against ~?

~에 찬성이야, 반대야?

A: **Are you for or against the plan?**

아 유 풔 오어 어겐스트 더 플랜?

그 계획에 찬성이야, 반대야?

B: **I haven't thought about it yet.**

아이 해븐ㅌ 쏘웃 어바웃 잇 옛.

아직 생각해보지 않았어.

Check Point!

for는 아주 다양한 뜻을 갖고 있는데, 그 가운데에는 '찬성하는, 지지하는'이란 뜻도 있습니다. 어떤 것에 찬성하는지 반대하는지 물을 때는 앞에서 배운 against(반대하다)와 함께 써서 Are you for or against ~?라고 간단하게 물을 수 있습니다.

Basic Expression

내 계획에 찬성이야, 반대야?

Are you for or against my plan?

아 유 풔 오어 어겐스트 마이 플랜?

그의 관점에 대해 찬성이야, 반대야?

Are you for or against his point of view?

아 유 풔 오어 어겐스트 히즈 포인트 어브 뷰?

그 계획에 찬성이야, 반대야?

Are you for or against the scheme?

아 유 풔 오어 어겐스트 더 스킴?

안락사에 찬성이야, 반대야?

Are you for or against euthanasia?

아 유 풔 오어 어겐스트 유써네이저?

사형제도에 찬성이야, 반대야?

Are you for or against the death penalty?

아 유 풔 오어 어겐스트 더 데쓰 페널티?

동성 간 결혼에 찬성이야, 반대야?

Are you for or against gay marriage?

아 유 풔 오어 어겐스트 게이 매리지?

□ □ □

A: 그 계획에 찬성이야, 반대야?

B: 아직 생각해보지 않았어.

Unit 064 I wonder why ~.

난 왜 ~인지 궁금해

A: **I wonder why she didn't come.**

아이 원더 와이 쉬 디든ㅌ 컴.

난 왜 그녀가 오지 않았는지 궁금해.

B: **She was probably busy.**

쉬 워즈 프라버블리 비지.

아마도 바빴겠지.

Check Point!

I wonder why ~.는 어떤 일에 대해 왜 그런지 이유를 알고 싶은데 직접적으로 묻기 어려울 때 돌려 묻는 패턴입니다. I'm curious about ~.(난 ~가 궁금해)도 비슷한 뜻이지만 호기심 때문에 묻고 있다는 뉘앙스를 강하게 풍기죠.

Basic Expression

난 그가 여기 왜 왔는지 궁금해.

I wonder why he came here.

아이 원더 와이 히 케임 히어.

난 그가 왜 이렇게 늦는지 궁금해.

I wonder why he is so late.

아이 원더 와이 히 이즈 쏘우 레잇.

난 그가 왜 그랬는지 궁금해.

I wonder why he did that.

아이 원더 와이 히 디드 댓.

난 네가 왜 그걸 보냈는지 궁금해.

I wonder why you sent it.

아이 원더 와이 유 센트 잇.

난 왜 그녀가 돌아온 건지 궁금해.

I wonder why she is back.

아이 원더 와이 쉬 이즈 백.

난 왜 우리가 초대장을 받지 못한 건지 궁금해.

I wonder why we didn't get an invitation.

아이 원더 와이 위 디든ㅌ 겟 언 인비테이션.

☐ ☐ ☐

A: 난 왜 그녀가 오지 않았는지 궁금해.

B: 아마도 바빴겠지.

I wonder what ~.

~인지 궁금해.

A: I wonder what time it is.

아이 원더 웟 타임 잇 이즈.

몇 신지 모르겠네.

B: It's three o'clock.

잇츠 쓰리 어클락.

3시야.

Check Point!

I wonder why ~.는 이유가 궁금해서 묻는 것이고, I wonder what ~.은 what 이하가 무엇인지 궁금할 때 묻는 표현입니다. 하지만 의미상으로는 거의 비슷하게 쓰이기도 하죠.

Basic Expression

그게 뭘 의미하는 건지 궁금해.

I wonder what that means.

아이 원더 웟 댓 민스.

날 왜 찾는지 모르겠네.

I wonder what they want with me.

아이 원더 웟 데이 원ㅌ 윗 미.

맛이 어떨지 궁금해.

I wonder what the taste is like.

아이 원더 웟 더 테이슷 이즈 라익.

난 네가 무슨 생각을 하고 있는지 궁금해.

I wonder what you're thinking.

아이 원더 웟 유아 씽킹.

그녀가 지금 뭘 하고 있는지 궁금해.

I wonder what she's doing right now.

아이 원더 웟 쉬즈 두잉 라잇 나우.

그렇게 부자가 되는 건 어떤 기분일지 궁금해.

I wonder what it's like to be that rich.

아이 원더 웟 잇츠 라익 투 비 댓 리치.

065 대화 다시듣기

☐ ☐ ☐

A: 몇 신지 모르겠네.

B: 3시야.

Don't make me ~.

나 ~ 하게 만들지 마

A: **You have to choose between me and your mother.**

유 해브 투 추즈 비트윈 미 앤 유어 머더.

넌 나랑 네 엄마 중에서 선택해야 해.

B: **Please don't make me sick.**

플리즈 돈ㅌ 메익 미 씩.

제발 피곤하게 굴지 좀 마.

Check Point!

make도 대표적인 마법동사의 하나로 워낙 많은 뜻을 갖고 있어서 다양한 용도로 광범위하게 사용되죠. Don't을 함께 써서 '~하게 만들지 마'라는 강력한 금지를 나타낼 수 있는데, 여기에 Please를 덧붙여 애원, 호소, 경고의 의미로도 사용할 수 있는 패턴입니다.

Basic Expression

웃기지 마.

Don't make me laugh.

돈ㅌ 메익 미 래프.

열 받게 하지 마.

Don't make me angry.

돈ㅌ 메익 미 앵그리.

날 울리지 마.

Don't make me cry.

돈ㅌ 메익 미 크라이.

나한테 이거 하라고 하지 마.

Don't make me do this.

돈ㅌ 메익 미 두 디스.

다시 말하게 하지 마.

Don't make me say that again.

돈ㅌ 메익 미 쎄이 댓 어겐.

웃기는 소리 하지 마!

Don't make me laugh!

돈ㅌ 메익 미 래프.

066 대화 다시듣기

□□□

A: 넌 나랑 네 엄마 중에서 선택해야 해.

B: 제발 피곤하게 굴지 좀 마.

앞에서 배운 기본 패턴입니다. 빈 칸을 채워보세요.
정답은 각 유닛에서 확인하세요.

056

곧 내 집을 살 수 있어

_________ get my own apartment soon.

057

난 너의 성공을 확신해.

____________ of your success.

058

그가 훌륭한 배우라는 건 의심할 여지가 없어.

_________________________________ he is a good actor.

059

나 몸살 기운이 있는 것 같아.

__________ I'm coming down with the flue.

060

어느 정도는 그녀의 말에 동의해.

__________________ her to some extent.

Part 06 실력 체크

061

물을 많이 마시는 건 좋은 생각이야.

________________ drink lots of water.

062

난 그것에 절대 반대야.

____ completely ______ that.

063

그의 관점에 대해 찬성이야, 반대야?

________________ his point of view?

064

난 왜 그녀가 돌아온 건지 궁금해.

________________ she is back.

065

그녀가 지금 뭘 하고 있는지 궁금해.

________________ she's doing right now.

066

다시 말하게 하지 마.

________________ say that again.

PART 07

상대에게 제안·의뢰할 때

영어

Unit 067 Can you ~?

~해줄 수 있어?

Mini Talk

A: **Can you help me with my zipper?**

캔 유 헬프 미 윗 마이 지퍼?

나 지퍼 올리는 것 좀 도와줄래?

B: **Of course.**

어브 코스.

그래요.

Check Point!

Can you ~?는 부탁할 때 간단하게 쓸 수 있는 패턴입니다. Can you help me with ~?(~ 좀 도와줄래?), Can you get me ~?(~ 좀 갖다 줄래?) 등으로 이 패턴을 이용한 무한 확장이 가능하죠.

Basic Expression

내게 전화해 줄 수 있어?

Can you call me?

캔 유 콜 미?

올 수 있어?

Can you come?

캔 유 컴?

나를 데려다줄 수 있어?

Can you take me?

캔 유 테익 미?

나한테 1분만 시간 내 줄 수 있어요?

Can you give me a minute?

캔 유 깁 미 어 미닛?

타이 매는 것 좀 도와줄래?

Can you help me with this tie?

캔 유 헬프 미 윗 디스 타이?

그의 사인을 받아다 줄 수 있어?

Can you get me his autograph?

캔 유 겟 미 히즈 오터그래프?

□ □ □

A: 나 지퍼 올리는 것 좀 도와줄래?

B: 그래요.

학습일 /

Unit 068 May I ~?

~해도 되나요?

Mini Talk

A: **Hi. May I take your order?**

하이, 메이 아이 테익 유어 오더?

안녕하세요. 주문 받아도 될까요?

B: **Oh, yes. What's good here?**

오우, 예스. 웟츠 굿 히어?

아, 네. 여기서 맛있는 게 뭐죠?

Check Point!

뭘 해도 되는지 물을 때 May I ~? 패턴을 씁니다. 회화에서 가장 많이 쓰게 되고 듣게 되는 표현 가운데 하나죠. May I ~? 대신 Can I ~?를 사용하는 경우도 많은데 둘 다 같은 의미입니다. 특히 쇼핑할 때 점원이 May I help you?라고 인사하면 일단 Just looking.(구경만 할게요)라고 해두는 것이 좋아요.

Basic Expression

들어가도 돼?

May I come in?

메이 아이 컴 인?

여기에 주차해도 되나요?

May I park here?

메이 아이 팍 히어?

여기 앉아도 되나요?

May I sit here?

메이 아이 씻 히어?

내 소개를 해도 될까요?

May I introduce myself?

메이 아이 인트러듀스 마이셀프?

얘기 좀 해도 될까?

May I have a word with you?

메이 아이 해버 워드 윗 유?

이 컴퓨터 잠깐 써도 돼?

May I use this computer for a while?

메이 아이 유즈 디스 컴퓨터 풔러 와일?

A: 안녕하세요. 주문 받아도 될까요? □ □ □

B: 아, 네. 여기서 맛있는 게 뭐죠?

Unit 069 Could you ~?

~해 주시겠어요?

Mini Talk

A : **Could you please give us a moment?**

쿠쥬 플리즈 기브 어스 어 모우먼트?

우리한테 잠깐만 시간을 주시겠어요?

B : **No problem. I'll wait outside.**

노우 프라블럼. 아일 웨잇 아웃사이드.

그러죠. 난 밖에서 기다릴게요.

Check Point!

could는 can의 과거형이지만 Could you ~?가 되면 '~해주시겠습니까?'라고 정중하게 부탁하는 말이 되며 과거의 의미는 없습니다. Can you ~?보다 훨씬 정중하고 공손하고 겸손하게 부탁하는 표현입니다.

Basic Expression

좀 도와주시겠어요?

Could you help me?

쿠쥬 헬프 미?

부탁 하나만 들어주실래요?

Could you do me a favor?

쿠쥬 두 미어 페이버?

다시 말씀해 주시겠어요?

Could you say that again?

쿠쥬 세이 댓 어겐?

잠깐 기다려 주시겠어요?

Could you wait a minute, please?

쿠쥬 웨잇 어 미닛, 플리즈?

좀 더 천천히 말해 주시겠어요?

Could you speak more slowly?

쿠쥬 스픽 모어 슬로우리?

이 선물을 포장해 주시겠어요?

Could you wrap this gift?

쿠쥬 랩 디스 기프트?

069 대화 다시듣기

☐ ☐ ☐

A: 우리한테 잠깐만 시간을 주시겠어요?

B: 그러죠. 난 밖에서 기다릴게요.

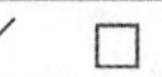

Would you like to ~?

~하시겠어요?

A: **Would you like to have this gift-wrapped?**

우쥬 라익 투 해브 디스 기프트-랩트?

이거 선물포장 해드릴까요?

B: **Yes, please.**

예스, 플리즈.

네, 그렇게 해주세요.

Check Point!

Do you want to ~?보다 공손하고 부드럽게 상대의 의향을 묻거나 권유하는 표현입니다. 보통 would나 could를 쓰면 공손한 표현이 되기 때문에 말 실수할 위험이 적어집니다.

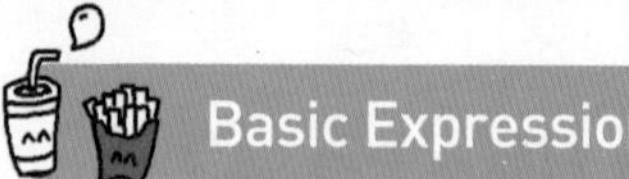

나랑 춤추시겠어요?

Would you like to dance with me?

우쥬 라익 투 댄스 윗 미?

커피 좀 드시겠어요?

Would you like to have some coffee?

우쥬 라익 투 해브 썸 커피?

메시지를 남기시겠어요?

Would you like to leave a message?

우쥬 라익 투 리브 어 메시지?

그곳에 가시겠어요?

Would you like to go there?

우쥬 라익 투 고우 데어?

그를 만나시겠어요?

Would you like to see him?

우쥬 라익 투 씨 힘?

지하철을 타시겠어요?

Would you like to take the subway?

우쥬 라익 투 테익 더 섭웨이?

A: 이거 선물포장 해드릴까요?

B: 네, 그렇게 해주세요.

☐ ☐ ☐

Won't you ~?

~하지 않을래요?

A: **Won't you play baseball now?**

워운츄 플레이 베이스볼 나우?

지금 야구하지 않을래?

B: **I'm sorry, but I have a previous engagement.**

아임 쏘리, 벗 아이 해브 어 프리비어스 엔게이지먼트.

미안하지만, 난 선약 있어.

Check Point!

Won't you ~?(~하지 않을래요?)는 상대에게 가볍게 뭔가를 권유할 때 쓰는 패턴입니다. 상대의 의지를 묻는 Will you ~?(~할래?)보다 더 친근한 느낌을 주는 표현이죠.

Basic Expression

우리와 함께 하지 않을래요?

Won't you join us?

워운츄 조인 어스?

닭고기 좀 안 드실래요?

Won't you have some chicken?

워운츄 해브 썸 치킨?

나랑 영화 보러 가지 않을래요?

Won't you go to a movie with me?

워운츄 고우 투 어 무비 윗 미?

케이크를 좀 먹지 않을래요?

Won't you have some cake?

워운츄 해브 썸 케익?

크림과 설탕을 넣어주지 않을래요?

Won't you use cream and sugar?

워운츄 유즈 크림 앤 슈거?

조금만 더 있다 가지 않을래요?

Won't you stay a little longer?

워운츄 스테이 어 리틀 롱거?

071 대화 다시듣기

A: 지금 야구하지 않을래?

B: 미안하지만, 난 선약 있어.

☐ ☐ ☐

학습일 / 

Let's ~.

~하자

A: **Do you have the time?**

두 유 해브 더 타임?

지금 몇 시야?

B: **It's almost 1 now. Let's get back to work.**

잇츠 올모우스트 원 나우. 렛츠 겟 백 투 웍.

거의 1시야. 일하러 돌아가자.

Check Point!

Let's ~.는 상대방에게 무언가를 하자고 직접적으로 제안하는 경쾌한 표현입니다. 뒤에 shall we?를 붙여 부가의문문으로 만들면 '~하자'라는 직접 요청에서 '~할래?, ~할까?'라는 부드러운 간접요청이 됩니다.

Basic Expression

다 같이 노래하자.

Let's sing together.

렛츠 씽 투게더.

드라이브 하러 가자.

Let's go for a drive.

렛츠 고우 풔러 드라이브.

곧장 출발하자.

Let's start at once.

렛츠 스타트 앳 원스.

함께 저녁식사 하러 갑시다.

Let's have dinner together.

렛츠 해브 디너 투게더.

다시 한 번 해 볼까?

Let's try this again, shall we?

렛츠 트라이 디스 어겐, 쉘 위?

자 시작해 볼까?

Now let's get started, shall we?

나우 렛츠 겟 스타티드, 쉘 위?

072 대화 다시듣기

□ □ □

A: 지금 몇 시야?

B: 거의 1시야. 일하러 돌아가자.

학습일 / 

Unit 073 Let me ~.

내가 ~할게

A: **Let me tell you about next Tuesday's exam.**

렛 미 텔 유 어바웃 넥스트 투즈데이즈 이그잼.

다음 주 화요일 시험에 대해서 말해 줄게.

B: **I'm all ears.**

아임 올 이어즈.

잘 듣고 있으니까 말해봐.

Check Point!

Let me ~는 우리말의 '내가 ~를 하게 해줘, 내가 ~를 할게'라는 뜻의 표현으로, I'll ~ 보다 부드럽고 간곡한 뉘앙스를 갖고 있습니다. Let me check!(내가 확인해볼게!)

Basic Expression

가게 해줘.

Let me go.

렛 미 고우.

내가 그 일을 할게.

Let me do it.

렛 미 두 잇.

집에 바래다줄게.

Let me take you home.

렛 미 테익 유 호움.

내가 그녀와 얘기해볼게.

Let me try to talk to her.

렛 미 트라이 투 톡 투 허.

이게 어떻게 작동하는지 내가 설명해줄게.

Let me explain how this works.

렛 미 익스플레인 하우 디스 웍스.

내 어린 시절에 대해 말해 줄게.

Let me tell you about my childhood.

렛 미 텔 유 어바웃 마이 차일드후드.

073 대화 다시듣기

□ □ □

A: 다음 주 화요일 시험에 대해서 말해 줄게.

B: 잘 듣고 있으니까 말해봐.

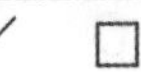

Let me know if ~.

~하면 내게 알려줘.

A: **Let me know if there's anything you need.**

렛 미 노우 이프 데어즈 에니씽 유 니드.

뭐 필요한 게 있으면 나한테 말해줘.

B: **I will. Thank you.**

아이 윌. 땡큐.

그럴게. 고마워.

Check Point!

Let me know ~.(~을 나에게 알려줘)에 if 문장을 덧붙이면 뭔가를 하면 나에게 알려달라는 뜻의 표현이 됩니다.

Basic Expression

그가 오면 나한테 알려줘.

Let me know if he comes.

렛 미 노우 이프 히 컴즈.

문제가 있으면 나한테 말해줘.

Let me know if there's a problem.

렛 미 노우 이프 데어즈 어 프라블럼.

마음이 바뀌면 나한테 말해줘.

Let me know if you change your mind.

렛 미 노우 이프 유 체인지 유어 마인드.

일손이 필요하면 나한테 알려줘.

Let me know if you need a hand.

렛 미 노우 이프 유 니드 어 핸드.

그가 또 괴롭히면 내게 알려줘.

Let me know if he bothers you again.

렛 미 노우 이프 히 바더즈 유 어겐.

늦게 되면 나에게 알려줘.

Let me know if you'll be late.

렛 미 노우 이프 유일 비 레잇.

A: 뭐 필요한 게 있으면 나한테 말해줘.

B: 그럴게. 고마워.

☐ ☐ ☐

Unit 075 Shall I ~?

내가 ~할까?

Mini Talk

A: **Shall I answer the phone?**

쉘 아이 앤서 더 포운?

전화, 내가 받을까?

B: **No, That's OK. I will answer the phone.**

노우, 댓츠 오우케이. 아이 윌 앤서 더 포운.

아니. 괜찮아. 내가 받을게.

Check Point!

Shall I ~?는 '내가 ~할까?'라고 상대방의 의향을 묻는 것으로 상대방의 입장을 고려하고 있다는 뉘앙스를 갖습니다. shall은 주어가 we와 I일 때만 쓰죠. shall we를 Let's와 함께 쓰면 더 공손한 표현이 된답니다.

Basic Expression

창문을 열까?

Shall I open the window?

쉘 아이 오픈 더 윈도우?

가서 빵 좀 사올까?

Shall I go and buy some bread?

쉘 아이 고우 앤 바이 썸 브레드?

오늘밤에 내가 전화할까?

Shall I call you tonight?

쉘 아이 콜 유 투나잇?

그거 내가 끌까?

Shall I turn it off?

쉘 아이 턴 잇 오프?

나 여기서 기다릴까?

Shall I wait here?

쉘 아이 웨잇 히어?

우리 춤출까?

Shall we dance?

쉘 위 댄스?

075 대화 다시듣기

□□□

A: 전화, 내가 받을까?

B: 아니. 괜찮아. 내가 받을게.

Unit 076 Why don't you ~?

~하는 게 어때? / ~하지 그래?

Mini Talk

A: **Why don't you tell me what's on your mind?**

와이 돈츄 유 텔 미 웟츠 온 유어 마인드?

네가 무슨 생각을 하고 있는지 내게 말하지 그래?

B: **I don't wanna talk about it.**

아이 돈ㅌ 와너 톡 어바웃 잇.

얘기하고 싶지 않아.

Check Point!

Why don't you ~?는 무언가를 하는 게 어떠냐고 상대방에게 권유하거나 제안하는 표현입니다. 비교적 친근한 사이에서 How about ~?나 What about ~? 못지않게 자주 쓰이는 표현이죠. 글자 그대로 '왜 ~하지 않아요?' 라고 해석하지 않도록 주의합시다.

Basic Expression

주변을 한 번 둘러보지 그래?

Why don't you take a look around?

와이 돈츄 테이커 룩 어라운드?

우리에게 10분 만 더 주는 게 어때?

Why don't you give us another 10 minutes?

와이 돈츄 기브 어스 어나더 텐 미닛츠?

나한테 속 시원히 털어놓지 그래?

Why don't you confide in me?

와이 돈츄 컨파이드 인 미?

뭔가 새로운 걸 해보는 게 어때?

Why don't you try something new?

와이 돈츄 트라이 썸씽 뉴?

그의 휴대폰으로 해 보는 게 어때?

Why don't you try his cell phone?

와이 돈츄 트라이 히즈 셀 폰?

나머지는 집에 가져가지 그래?

Why don't you take the rest home?

와이 돈츄 테익 더 레스트 호움?

076 대화 다시듣기

A: 네가 무슨 생각을 하고 있는지 내게 말하지 그래?

B: 얘기하고 싶지 않아.

학습일 /

Unit 077

How about ~?

~(하는 게) 어때?

Mini Talk

A: **How about doing something special this Friday?**

하우 어바웃 두잉 썸씽 스페셜 디스 프라이데이?

이번 주 금요일에 뭔가 특별한 걸 하는 게 어때?

B: **Like what?**

라익 웟?

예를 들어 뭐?

Check Point!

How about ~?은 어떤 제안을 하면서 상대의 의향을 물을 때 쓰는 표현입니다. 뒤에 문장이 올 때도 있지만 주로 How about -ing ~? 패턴으로 씁니다. How about ~? 패턴은 What about ~? 패턴으로 바꿀 수 있어요.

Basic Expression

산책 하러 가는 게 어때?

How about going for a walk?

하우 어바웃 고잉 풔러 워크?

잠깐 쉬는 게 어때?

How about taking a break?

하우 어바웃 테이킹 어 브레익?

커피 한 잔 어때?

How about a cup of coffee?

하우 어바웃 어 컵 어브 커피?

이번 주말 어때?

How about this weekend?

하우 어바웃 디스 위켄드?

내일 밤 저녁식사 어때?

How about dinner tomorrow night?

하우 어바웃 디너 터마로우 나잇?

네가 거기 가는 건 어때?

How about you go there?

하우 어바웃 유 고우 데어?

A: 이번 주 금요일에 뭔가 특별한 걸 하는 게 어때? ☐ ☐ ☐

B: 예를 들어 뭐?

What about ~?

~(하는 게) 어때?

A: **I like football. What about you?**

아이 라익 풋볼. 웟 어바웃 유?

난 축구 좋아해. 넌 어때?

B: **I like baseball.**

아이 라익 베이스볼.

난 야구 좋아해.

Check Point!

How about ~?처럼 가볍게 제안하는 표현이지만 How about ~?는 자기가 제안한 것에 대해 '할래, 말래' 정도의 질문이라면 What about ~?는 그 제안에 대해 어떻게 생각하는지 좀 더 구체적인 의견을 묻는 것입니다. 우리 입장에서는 아주 미묘한 차이지만 원어민들에게는 확실하게 구별되는 차이라는 것!

Basic Expression

넌 어때?

What about you?

웟 어바웃 유?

그 영화 어때?

What about the movie?

웟 어바웃 더 무비?

지갑 잃어버린 거 어떻게 됐어?

What about the lost wallet?

웟 어바웃 더 로슷 월릿?

5시쯤 어때?

What about around 5?

웟 어바웃 어라운드 파이브?

이번 주말 어때?

What about this weekend?

웟 어바웃 디스 위켄드?

며칠 쉬는 게 어때?

What about taking a few days off?

웟 어바웃 테이킹 어 퓨 데이즈 오프?

☐ ☐ ☐

A: 난 축구 좋아해. 넌 어때?

B: 난 야구 좋아해.

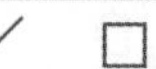

Do you mind ~?

~해도 될까요?

A: **Do you mind if I sit here?**

두 유 마인드 이프 아이 씻 히어?

여기 앉아도 될까요?

B: **I'm sorry, this seat is taken.**

아임 쏘리, 디스 씻 이즈 테이컨.

미안해요. 자리 있어요.

Check Point!

Do you mind ~?는 정중하게 요청하거나 허락을 구하는 표현입니다. mind는 무언가를 꺼린다는 뜻을 가지고 있기 때문에 Do you mind라고 물으면 마음에 들지 않느냐는 뜻이 됩니다. 그래서 괜찮다고 대답할 때는 반드시 No라고 대답해야 합니다. 친구 사이에서는 Is it okay ~?(~해도 괜찮니?)를 쓰면 됩니다.

Basic Expression

창문 좀 닫아도 될까요?

Do you mind closing the window?

두 유 마인드 클로징 더 윈도우?

여기서 잠깐만 기다려 주시겠어요?

Do you mind waiting here for a moment?

두 유 마인드 웨이팅 히어 풔러 모먼트?

제가 여기 앉아도 괜찮을까요?

Do you mind if I sit here?

두 유 마인드 이파이 씻 히어?

내가 이 방을 써도 괜찮을까요?

Do you mind if I use this room?

두 유 마인드 이파이 유즈 디스 룸?

의자 좀 뒤로 젖혀도 되겠습니까?

Do you mind if I lean back?

두 유 마인드 이파이 린 백?

한 가지 여쭤 봐도 될까요?

Do you mind if I ask you something?

두 유 마인드 이파이 애스큐 썸씽?

□ □ □

A: 여기 앉아도 될까요?

B: 미안해요. 자리 있어요.

앞에서 배운 기본 패턴입니다. 빈 칸을 채워보세요.
정답은 각 유닛에서 확인하세요.

067

나한테 1분만 시간 내 줄 수 있어요?

__________ give me a minute?

068

얘기 좀 해도 될까?

__________ have a word with you?

069

잠깐 기다려 주시겠어요?

__________ wait a minute, please?

070

메시지를 남기시겠어요?

__________ leave a message?

071

나랑 영화 보러 가지 않을래요?

__________ go to a movie with me?

Part 07 실력 체크

072

함께 저녁식사 하러 갑시다.

__________ have dinner together.

073

이게 어떻게 작동하는지 내가 설명해줄게.

__________ explain how this works.

074

마음이 바뀌면 언제든 말해줘.

____________________ you change your mind.

075

가서 빵 좀 사올까?

__________ go and buy some bread?

076

뭔가 새로운 걸 해보는 게 어때?

____________________ try something new?

077

내일 밤 저녁식사 어때?

__________ dinner tomorrow night?

078

며칠 쉬는 게 어때?

__________ taking a few days off?

079

창문 좀 닫아도 될까요?

__________ closing the window?

PART 08

일상적인 대화를 할 때

영어

Unit 080 This is ~.

이것은 ~이다

A: **Alice, this is Daniel.**

앨리스, 디스 이즈 다니엘.

앨리스, 이쪽은 다니엘이야.

B: **Hi, Daniel, nice to meet you.**

하이, 다니엘, 나이스 투 밋츄.

안녕, 다니엘, 만나서 반가워.

Check Point!

this와 these는 시간, 거리상으로 가까운 것을 말할 때 쓰고 사람을 소개할 때도 씁니다. 반대로 that와 those는 시간, 거리상으로 먼 것을 말할 때 사용합니다.

Basic Expression

이건 상자야.

This is a box.

디스 이즈 어 박스.

여기는 무료 주차장이야.

This is a free parking lot.

디스 이즈 어 프리 파킹 랏.

이것은 나에게 너무 커.

This is too large for me.

디스 이즈 투 라지 풔 미.

아주 좋은 생각이야.

This is a great idea.

디스 이즈 어 그레잇 아이디어.

이 파티 멋지지 않니?

This is a great party, isn't it?

디스 이즈 어 그레잇 파티, 이즌ㅌ 잇?

이건 펜이고 저건 연필이야.

This is a pen and that is a pencil.

디스 이즈 어 펜 앤 댓 이즈 어 펜슬.

□ □ □

A: 앨리스, 이쪽은 다니엘이야.

B: 안녕, 다니엘, 만나서 반가워.

Is this ~?

이거 ~야?

A: **Is this seat taken?**

이즈 디스 씻 테이컨?

자리 있는 건가요?

B: **No, you can take it if you want.**

노우, 유 캔 테이킷 이프 유 원트.

아니요, 앉으셔도 되요.

가까이 있는 것을 가리키면서 '이거 ~야?'라고 물을 때 쓸 수 있는 가장 기본적인 표현입니다. 대상에 따라 that, it으로 대치할 수 있고, 대상이 복수(these, those)일 경우에는 is 대신 are를 씁니다.

Basic Expression

이거 면세예요?

Is this tax-free?

이즈 디스 택스 프리?

이거 수제품인가요?

Is this hand-made?

이즈 디스 핸드-메이드?

이거 세탁할 수 있어요?

Is this washable?

이즈 디스 와셔블?

이거 방수돼요?

Is this water-proof?

이즈 디스 워러-프루프?

이것도 세일 상품인가요?

Is this item on sale, too?

이즈 디스 아이템 온 세일, 투?

이건 일이야, 취미야?

Is this work or pleasure?

이즈 디스 웍 오어 플레저?

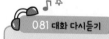

A: 자리 있는 건가요?

B: 아니요, 앉으셔도 돼요.

☐ ☐ ☐

학습일 /

There is[are] ~.

~가 있어

A: **How many are there in your family?**

하우 메니 아 데어 인 유어 패밀리?

가족이 몇 명이야?

B: **There are five.**

데어라 파이브.

다섯 명.

Check Point!

there은 '거기, 그곳' 등 다양한 뜻을 갖고 있지만 there is[are] ~. 패턴의 there는 가주어로 사용된 것이기 때문에 there를 '거기에'라고 해석하지 않도록 주의해야 합니다. There is의 축약형은 There's입니다.

책 위에 펜이 있어.

There is a pen on the book.

데어리즈 어 펜 온 더 북.

할 일이 너무 많아.

There is so much work to do.

데어리즈 쏘우 머치 웍 투 두.

바로 근처에 은행이 있어.

There is a bank near at hand.

데어리즈 어 뱅크 니어 앳 핸드.

뭔가 잘못됐어.

There is some mistake.

데어리즈 썸 미스테익.

책상 위에 책이 두 권 있어요.

There are two books on the desk.

데어라 투 북스 온 더 데스크.

저 집에 강아지들이 있어.

There are puppies in that house.

데어라 퍼피즈 인 댓 하우스.

A: 가족이 몇 명이야?

B: 다섯 명.

□ □ □

There's no ~.

~가 없어

A: **Hurry up! There's no time!**

허리 업! 데어즈 노우 타임!

서둘러, 시간이 없어.

B: **Calm down, please. We have plenty of time.**

캄 다운, 플리즈. 위 해브 플렌티 어브 타임.

진정해, 제발. 시간 충분해.

Check Point!

There is no ~.는 사물이나 사람뿐만 아니라 크고 작은 모든 것, 손으로 만질 수 없는 추상적인 것에도 쓸 수 있는 표현입니다. There isn't ~. 패턴보다 '~가 없다'라는 것을 좀 더 강조하는 느낌이 있어요. 그리고 There's는 There is의, isn't는 is not의 축약형이에요.

Basic Expression

수건이 없어.

There's no towel.

데어즈 노우 타우얼.

시간이 없어.

There's no time.

데어즈 노우 타임.

전화를 안 받아.

There's no answer.

데어즈 노우 앤서.

아무도 반대하지 않아.

There's no opposition.

데어즈 노우 아퍼지션.

전기가 안 들어와.

There's no electricity.

데어즈 노우 일렉트리서티.

내 집만한 곳은 없다.

There's no place like home.

데어즈 노우 플레이스 라이크 호움.

083 대화 다시듣기

☐ ☐ ☐

A: 서둘러, 시간이 없어.

B: 진정해, 제발. 시간 충분해.

Is[Are] there ~?

~ 있어?

A: **Is there a drugstore near here?**

이즈 데어러 드럭스토어 니어 히어?

근처에 약국 있어요?

B: **Yes. It's around the corner over there.**

예스. 잇츠 어라운드 더 코너 오우버 데어.

네. 저기 모퉁이를 돌면 나와요.

Check Point!

'~ 있어?'의 뜻으로 가장 간단하고 쉬운 표현이 바로 Is there ~? 패턴입니다. 여기에 anything을 붙이면 '다른 건 뭐 없어?'가 되는데, 긍정문에서는 some을 쓰지만 의문문과 부정문에서는 any를 쓴다는 것도 여기서 한 번 짚어둡시다.

Basic Expression

이 근처에 버스 정류장 있어요?

Is there a bus stop near here?

이즈 데어러 버스 스탑 니어 히어?

창가 쪽 자리 있어요?

Is there a window seat available?

이즈 데어러 윈도우 씻 어베일러블?

여기 팩스 되나요?

Is there a fax service here?

이즈 데어러 팩스 서비스 히어?

수수료가 있나요?

Is there a service charge?

이즈 데어러 서비스 차지?

더 싼 건 없어요?

Is there anything cheaper?

이즈 데어 애니씽 치퍼?

혹시 남아 있는 표가 있습니까?

Are there any tickets left?

아 데어 애니 티킷츠 레프트?

A: 근처에 약국 있어요?

B: 네. 저기 모퉁이를 돌면 나와요.

☐ ☐ ☐

It's ~.

(그것은) ~이다

A: **How much is it?**

하우 머치 이즈 잇?

얼마예요?

B: **It is 20 dollars.**

잇 이즈 트웬티 달러즈.

20달러입니다.

Check Point!

회화에서는 It is의 축약형 It's를 많이 사용해요. it은 앞에 이미 언급되었거나 현재 이야기되고 있는 사물, 동물, 아직 태어나지 않은 아기나 겉으로 봐서는 남자인지 여자인지 불분명한 사람이나 동물을 가리킬 때도 역시 it을 쓰죠.

Basic Expression

내 자리야.

It's my seat.

잇츠 마이 씻.

좋은 계획이야.

It's a good plan.

잇츠 어 굿 플랜.

너무 커.

It's too big.

잇츠 투 빅.

그건 다른 문제야.

It's a different matter.

잇츠 어 디퍼런트 매러.

빙산의 일각이지.

It's the tip of the iceberg.

잇츠 더 팁 어브 디 아이스버그.

간단하지만 쉽진 않아.

It is simple but not easy.

잇 이즈 심플 벗 낫 이지.

□ □ □

A: 얼마예요?

B: 20달러입니다.

It's ~.

(날씨가) ~이다

A: **It's hot.**

잇츠 핫.

더워.

B: **It's always hot in Thailand.**

잇츠 올웨이즈 핫 인 타일랜드.

태국은 늘 더워.

Check Point!

날씨에 관한 다양한 표현을 익혀두면 꽤 유용하게 쓸 수 있어요. 날씨를 말할 때에는 it을 쓰는데, 문장 뒤에 isn't it을 붙여 부가의문문을 만들면 '~이지? 안 그래?'라는 다정하고 부드러운 표현이 되죠. it을 '그것은'이라고 해석하지 않도록 주의합시다.

Basic Expression

날씨가 더워.

It's hot.

잇츠 핫.

아주 춥고 건조한 날씨야.

It's very cold and dry.

잇츠 베리 콜드 앤 드라이.

춥고 바람 부는 날이야.

It's a cold and windy day.

잇츠 어 콜드 앤 윈디 데이.

날이 습하네.

It's humid.

잇츠 휴미드.

날씨 진짜 좋지?

It's a nice day, isn't it?

잇츠 어 나이스 데이, 이즌ㅌ 잇?

오늘은 날씨가 정말 안 좋아, 그치?

It's a bad day, isn't it?

잇츠 어 뱃 데이, 이즌ㅌ 잇?

☐ ☐ ☐

A: 더워.

B: 태국은 늘 더워.

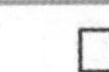

학습일 /

Unit 087 It's ~.

(시간이) ~이다

Mini Talk

A: **What time is it?**

웟 타임 이즈 잇?

몇 시야?

B: **It's five to five.**

잇스 파이브 투 파이브.

5시 5분 전이야.

Check Point!

앞에서 배운 it은 날씨뿐만 아니라 시간을 말할 때도 쓴답니다. 시간 표현에는 주로 전치사 at을 사용하죠. 시간대(at midnight) 표현에도, 경축일(at Christmas) 표현에도 at을 쓰는데, at을 by로 바꾸면 '~까지'라는 의미가 됩니다.

Basic Expression

7시야.

It's 7 o'clock.

잇츠 세븐 어클락.

1시 10분이야.

It's one ten.

잇츠 원 텐.

10시 15분 전이야.

It's a quarter to ten.

잇츠 어 쿼터 투 텐.

10시 15분이야.

It's a quarter past ten.

잇츠 어 쿼터 패스트 텐.

내 시계로는 5시야.

It's five o'clock by my watch.

잇츠 파이브 어클락 바이 마이 워치.

아침 7시야, 왜 이렇게 일찍 일어났어?

It's 7 a.m., why are you up so early?

잇츠 세븐 에이엠, 와이 아 유 업 쏘우 얼리?

087 대화 다시듣기

□ □ □

A: 몇 시야?

B: 5시 5분 전이야.

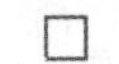

It's ~.

오늘 ~(요일)이야 / ~일이야

A: **What month and date is it today?**

웟 먼쓰 앤 데잇 이즈 잇 투데이?

오늘은 몇 월 며칠이지?

B: **It's March 15th.**

잇츠 마치 피프틴쓰.

3월 15일이야.

Check Point!

유럽이나 미국에서는 대개 날짜보다 요일을 많이 씁니다. 하지만 우리는 요일보다 날짜에 익숙하기 때문에 어쩔 수 없이 날짜를 확인하게 되죠. 여기서는 날짜와 요일 표현을 정확하게 알아둡시다.

Basic Expression

오늘은 월요일이야.

It's Monday.

잇츠 먼데이.

수요일이야.

It's Wednesday.

잇츠 웬즈데이.

금요일이야.

It's Friday.

잇츠 프라이데이.

오늘은 6월 23일이야.

It's June 23rd.

잇츠 준 투웬티 써드.

5월 5일이야.

It's May 5th.

잇츠 메이 핍스.

7월 2일이야

It's July 2nd.

잇츠 줄라이 세컨드.

088 대화 다시듣기

A: 오늘은 몇 월 며칠이지?

B: 3월 15일이야.

□ □ □

It takes ~.

(시간이) ~걸려

A: **How long does it take to get there?**

하우 롱 더즈 잇 테익 투 겟 데어?

거기까지는 시간이 얼마나 걸립니까?

B: **It takes about 20 minutes by bus.**

잇 테익스 어바웃 트웬티 미닛츠 바이 버스.

버스로 한 20분 걸려요.

Check Point!

take는 (어떤 것을 한 곳에서 다른 곳으로) 가지고 가다, (사람을) 데리고 가다, (손·팔을 뻗쳐) 잡다 등 여러가지 뜻으로 쓰이는 동사죠. 시간이 걸리다라고 말할 때는 It takes ~. 패턴으로 나타냅니다.

Basic Expression

기차로 3시간 걸려요.

It takes three hours by train.

잇 테익스 쓰리 아워즈 바이 트레인.

족히 5시간은 걸려.

It takes you a full five hours.

잇 테익스 유 어 풀 파이브 아워즈.

걸어서 10분 정도 걸려요.

It takes about ten minutes on foot.

잇 테익스 어바웃 텐 미닛츠 온 풋.

서울에서 6시간이 정도 걸려.

It takes about 6 hours from Seoul.

잇 테익스 어바웃 식스 아워즈 프럼 서울.

그것을 준비하는 데 시간이 오래 걸려요.

It takes a long time to prepare it.

잇 테익스 어 롱 타임 투 프리페어 잇.

이 일을 끝마치는 데 2시간이 걸려요.

It takes me 2 hours to finish this work.

잇 테익스 미 투 아워즈 투 피니쉬 디스 웍.

□□□

A: 거기까지는 시간이 얼마나 걸립니까?

B: 버스로 한 20분 걸려요.

앞에서 배운 기본 패턴입니다. 빈 칸을 채워보세요.
정답은 각 유닛에서 확인하세요.

080

이건 펜이고 저건 연필이야.

__________ a pen and that is a pencil.

081

이것도 세일 상품인가요?

__________ item on sale, too?

082

바로 근처에 은행이 있어.

__________ a bank near at hand.

083

내 집만한 곳은 없다.

__________ place like home.

084

창가 쪽 자리 있어요?

__________ a window seat available?

Part 08 실력 체크

085

그건 다른 문제야.

__________ a different matter.

086

날씨 진짜 좋지?

__________ a nice day, isn't it?

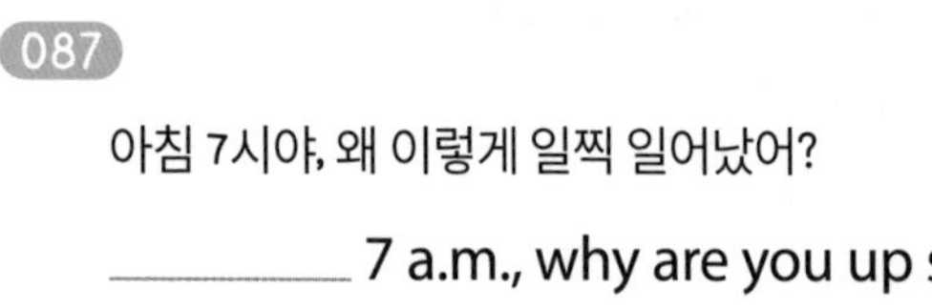

087

아침 7시야, 왜 이렇게 일찍 일어났어?

__________ 7 a.m., why are you up so early?

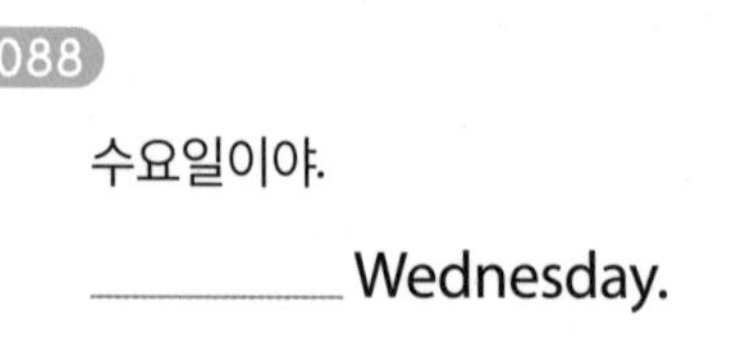

088

수요일이야.

__________ Wednesday.

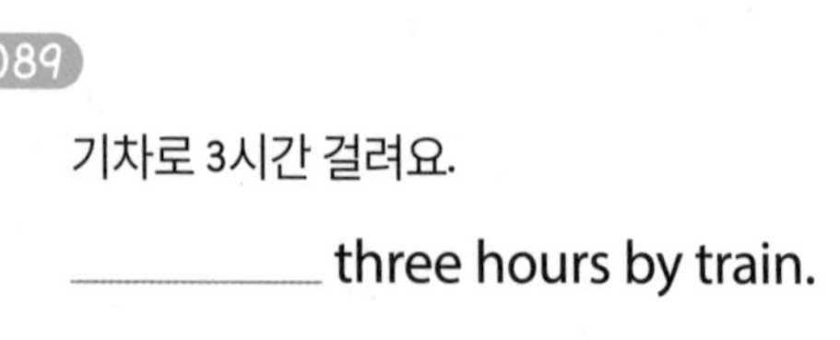

089

기차로 3시간 걸려요.

__________ three hours by train.

PART 09

의문사를 사용해 구체적으로 물을 때

영어

What is ~?

~은 뭐야?

A: **What's your favorite food?**

왓츠 유어 페이버릿 푸드?

가장 좋아하는 음식이 뭐야?

B: **It's Chinese.**

잇츠 차이니즈.

중국 음식이야.

Check Point!

'~은 뭐야?'라고 묻는 가장 기본적인 표현입니다. 뒤에 다양한 전치사, 구, 문장을 붙여서 세상 궁금한 모든 것을 다 물어볼 수 있죠. What ~ like 형태가 되면 how처럼 무엇이 아니라 상태를 묻는 표현이 됩니다.

Basic Expression

무슨 일이야?

What's the matter?

왓츠 더 매러?

그건 그렇고 다음은 뭐야?

What's the next, by the way?

왓츠 더 넥스트, 바이 더 웨이?

요점이 뭐니?

What's your point?

왓츠 유어 포인트?

네가 가장 좋아하는 숫자가 뭐니?

What's your favorite number?

왓츠 유어 페이버릿 넘버?

그 상자 안에 있는 건 뭐야?

What's in that box?

왓츠 인 댓 박스?

그와 함께 일하니까 어때?

What's it like to work with him?

왓츠 잇 라익 투 웍 윗 힘?

A: 가장 좋아하는 음식이 뭐야? ☐ ☐ ☐

B: 중국 음식이야.

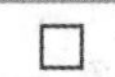

What are you -ing ~?

너 지금 뭐 ~하고 있어?

A: **What are you thinking about?**

웟 아 유 씽킹 어바웃?

너 지금 무슨 생각을 하고 있니?

B: **I'm thinking about you.**

아임 씽킹 어바웃 유.

나 네 생각하고 있는 중이지.

Check Point!

What are you -ing ~?는 상대방에게 지금 무엇을 하고 있는지 묻고 싶을 때 사용할 수 있는 패턴입니다. 이것은 현재진행형을 의문문으로 활용한 패턴이죠.

Basic Expression

지금 뭐 읽고 있니?

What are you reading?

웟 아 유 리딩?

무슨 공부를 하고 있니?

What are you studying?

웟 아 유 스터디잉?

지금 뭐 하고 있니?

What are you doing now?

웟 아 유 두잉 나우?

무엇을 찾고 계십니까?

What are you looking for?

웟 아 유 루킹 풔?

지금 무엇을 만들고 계십니까?

What are you making now?

웟 아 유 메이킹 나우?

무슨 말을 하려는 거죠?

What are you trying to say?

웟 아 유 트라이잉 투 세이?

091 대화 다시듣기

☐ ☐ ☐

A: 너 지금 무슨 생각을 하고 있니?

B: 나 네 생각하고 있는 중이지.

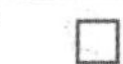

What time ~?

몇 시에 ~해?

A: **What time is the next train?**

웟 타임 이즈 더 넥슷 트레인?

다음 기차는 몇 시지?

B: **The next train will come in 10 minutes.**

더 넥슷 트레인 윌 컴 인 텐 미닛츠.

다음 기차는 10분 후에 올 거야.

Check Point!

의문사 what은 what subject(무슨 과목), what food(무슨 음식), what time(몇 시) 식으로 뒤에 오는 명사를 수식합니다. 따라서 What time ~?은 어떤 일이 예정된 시간, 약속 시간, 일정 등을 물어보거나 확인할 때 쓸 수 있는 패턴입니다.

Basic Expression

몇 시에 널 만날 수 있어?

What time can I see you?

왓 타임 캔 아이 씨 유?

오늘 밤 경기가 몇 시지?

What time is the game tonight?

왓 타임 이즈 더 게임 투나잇?

몇 시에 쇼가 시작되지?

What time is the show on?

왓 타임 이즈 더 쇼우 온?

이 기차 몇 시에 떠나?

What time does this train leave?

왓 타임 더즈 디스 트레인 리브?

몇 시에 거기에 가야 해?

What time should I be there?

왓 타임 슈다이 비 데어?

너 몇 시에 왔니?

What time did you come?

왓 타임 디쥬 컴?

□ □ □

A: 다음 기차는 몇 시지?

B: 다음 기차는 10분 후에 올 거야.

How much ~?

~는 얼마죠?

A: **How much is the bus fare?**

하우 머치 이즈 더 버스 페어?

버스 요금 얼마예요?

B: **It's 2 dollars if you're not a student.**

잇츠 투 달러즈 이프 유아 낫 어 스투던트.

학생이 아니라면 2달러입니다.

Check Point!

How much ~?는 값이 얼마인지 묻는 쇼핑 필수 패턴이죠. 여러 말 필요 없이 그냥 How much?만으로도 충분해요. 양이 얼마나 되는지 물을 때도 쓰죠. 가격을 물어보는 대상이 단수일 때는 How much is ~? 복수일 때는 How much are ~ ?가 됩니다.

Basic Expression

입장료 얼마예요?

How much is the admission fee?

하우 머치 이즈 디 어드미션 피?

저 냉장고 얼마예요?

How much is that refrigerator?

하우 머치 이즈 댓 리프리지레이러?

5 곱하기 8은 얼마야?

How much is five times eight?

하우 머치 이즈 파이브 타임스 에잇?

그거 임대료가 얼마예요?

How much does it rent for?

하우 머치 더즈 잇 렌트 풔?

내가 얼마 빚졌지?

How much do I owe you?

하우 머치 두 아이 오우 유?

학생 요금은 얼마예요?

How much does it cost for students?

하우 머치 더즈 잇 코스트 풔 스투던트스?

□ □ □

A: 버스 요금 얼마예요?

B: 학생이 아니라면 2달러입니다.

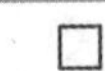

How far ~?

~까지 얼마나 멀어?

A: **How far is this restaurant?**

하우 파 이즈 디스 레스터란트?

이 식당까지 얼마나 멀어요?

B: **It's just around the corner.**

잇스 저슷 어라운드 더 코너.

바로 모퉁이 돌면 나와요.

Check Point!

의문사 how 뒤에 형용사나 부사가 오면 '어떻게'가 아니라 '얼마나'란 의미가 됩니다. How far ~?는 가려고 하는 곳까지의 거리가 얼마나 되는지 묻는 패턴으로 특히 낯선 곳에서 길을 물을 때 유용하게 쓸 수 있어요.

Basic Expression

학교까지 얼마나 머니?

How far is it to your school?

하우 파 이즈 잇 유어 스쿨?

사무실에서 집까지 얼마나 멀어?

How far is your house from your office?

하우 파 이즈 유어 하우스 프럼 유어 오피스?

여기서 버스 정류장까지 얼마나 멀어요?

How far is the bus stop from here?

하우 파 이즈 더 버스 스탑 프럼 히어?

여기서 지하철역까지 얼마나 멀어요?

How far is the subway station from here?

하우 파 이즈 더 섭웨이 스테이션 프럼 히어?

가장 가까운 편의점까지 얼마나 멀어요?

How far is the nearest convenience store?

하우 파 이즈 더 니어리슷 컨비니언스 스토어?

얼마나 더 가야 해?

How far do we have to go?

하우 파 두 위 해브 투 고우?

A: 이 식당까지 얼마나 멀어요?

B: 바로 모퉁이 돌면 나와요.

☐ ☐ ☐

When is[does] ~?

~은 언제야? / 언제 ~해?

A: **When is your next class?**

웬 이즈 유어 넥슷 클래스?

네 다음 수업은 언제야?

B: **It's at 2.**

잇츠 앳 투.

두 시야.

Check Point!

When is[does] ~?는 어떤 특정한 행사나 계획이 언제 있는지 또는 언제 하는지 등 시간과 관계되는 모든 일정 관련 사항을 물어볼 때 가장 간단하게 사용할 수 있는 기본 패턴입니다.

Basic Expression

네 생일은 언제야?

When is your birthday?

웬 이즈 유어 버쓰데이?

시험 언제 봐?

When is your exam?

웬 이즈 유어 이그잼?

넌 언제가 좋아?

When is a convenient time for you?

웬 이즈 어 컨비니언트 타임 풔 유?

경기는 언제 시작해?

When does the game start?

웬 더즈 더 게임 스타트?

그 가게는 언제 열어?

When does the store open?

웬 더즈 더 스토어 오픈?

비행기는 언제 도착해?

When does the plane arrive?

웬 더즈 더 플레인 어라이브?

095 대화 다시듣기

A: 네 다음 수업은 언제야?

B: 두 시야.

☐ ☐ ☐

When can I ~?

난 언제 ~ 할 수 있어?

A: **When can I get the results?**

웬 캔 아이 겟 더 리절트스?

언제 결과를 받을 수 있을까요?

B: **We'll give you a call no later than Friday.**

윌 기브 유 어 콜 노우 레이러 댄 프라이데이.

늦어도 금요일까지 전화 드릴게요.

Check Point!

When can I ~?은 조동사 can을 활용해서 상대방에게 자신이 언제 무언가를 할 수 있을지 일정이나 계획을 물어볼 때 사용할 수 있는 패턴입니다. what time을 써도 좋지만 when이 더 간단하고 시간적인 범위를 더 넓게 쓸 수 있습니다.

Basic Expression

언제 가면 돼?

When can I come?

웬 캔 아이 컴?

언제 널 다시 볼 수 있어?

When can I see you again?

웬 캔 아이 씨 유 어겐?

난 언제 집에 갈 수 있나요?

When can I go home?

웬 캔 아이 고우 호움?

언제 찾으러 올까요?

When can I pick it up?

웬 캔 아이 픽 잇 업?

언제 다시 전화하면 되죠?

When can I call you again?

웬 캔 아이 콜 유 어겐?

다음 버스는 언제 탈 수 있어요?

When can I get the next bus?

웬 캔 아이 겟 더 넥스트 버스?

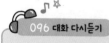

A: 언제 결과를 받을 수 있을까요?

B: 늦어도 금요일까지 전화 드릴게요.

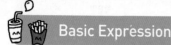

☐ ☐ ☐

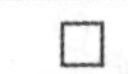

Where is[are] ~?

~은 어디에 있어?

A: **Where is my wallet? I can't remember where I put it.**

웨어리즈 마이 월릿? 아이 캔ㅌ 리멤버 웨어 아이 풋 잇.

내 지갑 어디 있지? 어디다 뒀는지 기억이 안나.

B: **I saw it on the kitchen table.**

아이 쏘우 잇 온 더 키친 테이블.

부엌 테이블에 있는 거 봤어요.

Check Point!

Where is[are] ~?는 내 것이든 다른 사람 것이든 어디 있는지 모르는 물건이나 사람을 찾을 때 사용할 수 있는 패턴입니다. 어떤 장소나 위치를 물을 때도 이 패턴이 가장 쉽고 간단하죠. 물어보는 대상이 하나일 때는 is, 여러 개 일 때는 are가 와야 합니다.

Basic Expression

내 전화기 어디 있지?

Where is my phone?

웨어리즈 마이 포운?

네 차는 어디 있어?

Where is your car?

웨어리즈 유어 카?

가장 가까운 화장실이 어디죠?

Where's the nearest restroom?

웨어즈 더 니어리슷 레스트룸?

가장 가까운 버스정류장이 어디죠?

Where's the nearest bus stop?

웨어즈 더 니어리슷 버스 스탑?

이 근처에서 식사하기 좋은 곳이 어디야?

Where's a good place to eat around here?

웨어즈 어 굿 플레이스 투 잇 어라운드 히어?

네 동료들은 어디 있니?

Where are your colleagues?

웨어라 유어 칼리그즈?

☐ ☐ ☐

A: 내 지갑 어디 있지? 어디다 뒀는지 기억이 안나.

B: 부엌 테이블에 있는 거 봤어요.

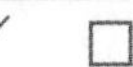

Where can I ~?

어디서 ~할 수 있어?

A: **Where can I drop you?**

웨어 캔 아이 드랍 유?

어디서 내려 줄까요?

B: **Right over there.**

라잇 오우버 데어.

바로 저기요.

Check Point!

Where can I ~?는 '어디서 ~할 수 있어?'의 뜻으로 무언가를 어디서 할 수 있는지 물을 때 사용할 수 있는 패턴입니다. 조동사 can이 있으므로 I 뒤에는 동사 원형을 넣어 말하면 됩니다.

Basic Expression

가방은 어디서 찾을 수 있나요?

Where can I pick up my bag?

웨어 캔 아이 픽 업 마이 백?

꽃은 어디서 살 수 있어요?

Where can I buy some flowers?

웨어 캔 아이 바이 썸 플라워즈?

차를 어디에 댈까요?

Where can I park the car?

웨어 캔 아이 팍 더 카?

이 의자를 어디다 두면 될까?

Where can I put this chair?

웨어 캔 아이 풋 디스 체어?

반품은 어디서 하나요?

Where can I return a purchase?

웨어 캔 아이 리턴 어 퍼처스?

어디서 널 만날 수 있을까?

Where can I meet you?

웨어 캔 아이 밋츄?

098 대화 다시듣기

□ □ □

A: 어디서 내려 줄까요?

B: 바로 저기요.

Who is[are] ~?

~는 누구야?

A: **Who is that girl over there?**

후 이즈 댓 걸 오우버 데어?

저쪽에 있는 여자는 누구야?

B: **She is Nancy, one of Tom's sisters.**

쉬 이즈 낸시, 원 어브 탐스 시스터즈.

낸시라고, 톰의 여동생이야.

Check Point!

다른 사람의 이름이나 신분을 물어볼 때 쓸 수 있는 기본 패턴입니다. who 뒤에 과거동사를 붙여서 질문하면 '누가 ~했어?'라는 의미가 됩니다. 회화에서는 보통 Who is를 줄여서 Who's라고 쓰죠. whose(누구의)와 발음이 같기 때문에 잘 구분해서 들어야 해요. 묻는 대상이 복수일 때는 is 대신 are를 쓴답니다.

Basic Expression

저 낯선 사람은 누구야?

Who is that stranger?

후 이즈 댓 스트레인저?

메모를 보낸 사람은 누구야?

Who is the memo from?

후 이즈 더 메모 프럼?

네 엄마와 같이 있는 남자는 누구야?

Who is the man with your mom?

후 이즈 더 맨 윗 유어 맘?

저 남자 누구야?

Who's that man?

후즈 댓 맨?

이 소년은 누구야?

Who's this boy?

후즈 디스 보이?

저 사람들은 누구야?

Who are those people?

후 아 도우즈 피플?

A: 저쪽에 있는 여자는 누구야?

B: 낸시라고, 톰의 여동생이야.

☐ ☐ ☐

Which ~ is …?

…은 어느 ~이야?

A: **Excuse me, which direction is the nearest subway station?**

익스큐즈 미, 위치 더렉션 이즈 더 니어러슷 섭웨이 스테이션?

실례합니다. 가장 가까운 지하철역은 어느 쪽에 있어요?

B: **Cross this bridge and keep on going for a while.**

크로스 디스 브리지 앤 킵 온 고우잉 풔러 와일.

이 다리를 건너서 계속 가세요.

Check Point!

낯선 곳에서는 방향 감각을 잃기 쉽기 때문에 지도를 가지고 있어도 목적지로 가는 길을 도무지 모를 수 있습니다. Which ~ is …?는 그럴 때 유용하게 쓸 수 있는 패턴이죠.

Basic Expression

해안으로 가는 길은 어느 쪽 길이에요?

Which way is the coast?

위치 웨이 이즈 더 코우스트?

버스 터미널에 가려면 어느 길로 가야 하나요?

Which way is the bus terminal?

위치 웨이 이즈 더 버스 터미널?

시청은 어느 방향인가요?

Which direction is City Hall?

위치 디렉션 이즈 시티 홀?

무역센터는 어느 방향인가요?

Which direction is the Trade Center?

위치 디렉션 이즈 더 트레이드 센터?

국회의사당은 어느 방향인가요?

Which direction is the Capitol?

위치 디렉션 이즈 더 캐피털?

과학박물관은 어느 방향인가요?

Which direction is the science museum?

위치 디렉션 이즈 더 사이언스 뮤지엄?

A: 실례합니다. 가장 가까운 지하철역은 어느 쪽에 있어요?

B: 이 다리를 건너서 계속 가세요.

앞에서 배운 기본 패턴입니다. 빈 칸을 채워보세요.
정답은 각 유닛에서 확인하세요.

090

네가 가장 좋아하는 숫자가 뭐니?

_________ your favorite number?

091

무엇을 찾고 계십니까?

_________________ look_____ for?

092

오늘 밤 경기가 몇 시지?

______________ is the game tonight?

093

학생 요금은 얼마예요?

______________ does it cost for students?

094

여기서 지하철역까지 얼마나 멀어요?

___________ is the subway station from here?

Part 09 실력 체크

095

그 가게는 언제 열어?

________________ the store open?

096

언제 널 다시 볼 수 있어?

________________ see you again?

097

가장 가까운 화장실이 어디죠?

____________ the nearest restroom?

098

가방은 어디서 찾을 수 있나요?

__________________ pick up my bag?

099

네 엄마와 같이 있는 남자는 누구야?

__________ the man with your mom?

100

시청은 어느 방향인가요?

_________ direction ______ City Hall?